ACCESO GRATIS *a la Lectura en la Nube*

Para visualizar el libro electrónico en la nube de lectura envíe junto a su nombre y apellidos una fotografía del código de barras situado en la contraportada del libro y otra del ticket de compra a la dirección:

ebooktirant@tirant.com

En un máximo de 72 horas laborales le enviaremos el código de acceso con sus instrucciones.

AF276020

ESTUDIO DE EDUCACIÓN BILINGÜE EN DOS COMUNIDADES AUTÓNOMAS ESPAÑOLAS

Mª Begoña Ruiz Cordero

ESTUDIO DE EDUCACIÓN BILINGÜE EN DOS COMUNIDADES AUTÓNOMAS ESPAÑOLAS

tirant humanidades

Valencia, 2024

Director de la colección:
JUAN MANUEL FERNÁNDEZ SORIA

© Mª Begoña Ruiz Cordero

© TIRANT HUMANIDADES
EDITA: TIRANT HUMANIDADES
C/ Artes Gráficas, 14 - 46010 - Valencia
TELFS.: 96/361 00 48 - 50
FAX: 96/369 41 51
Email: tlb@tirant.com
www.tirant.com
Librería virtual: www.tirant.es
DEPÓSITO LEGAL: V-3666-2024
ISBN: 978-84-1183-627-2

Si tiene alguna queja o sugerencia, envíenos un mail a: *atencioncliente@tirant.com*. En caso de no ser atendida su sugerencia, por favor, lea en *www.tirant.net/index.php/ empresa/politicas-de-empresa* nuestro Procedimiento de quejas.

Responsabilidad Social Corporativa: *http://www.tirant.net/Docs/RSCTirant.pdf*

Índice

1. Introducción

El uso de la metodología AICLE (aprendizaje integrado de contenido y lengua extranjera) se ha extendido muy rápido en Europa en los últimos años con el objetivo de proporcionar, desde una etapa muy temprana, un modelo enriquecido de educación bilingüe mediante la integración curricular de dos lenguas y dos culturas. Este método, denominado en inglés CLIL (Content and Language Integrated Learning), fue fundado por Mohan en 1986 y ha ganado gran relevancia y popularidad debido, principalmente, a su eficacia como medio para aprender otro idioma de una forma natural. A su vez, se espera que los alumnos formados con este enfoque sean capaces de desenvolverse en distintas culturas y estén mejor preparados para hacer frente a las demandas del siglo XXI en un mundo cada vez más competitivo y multilingüe.

Actualmente, hay muchos estudios sobre el desarrollo de la metodología AICLE en los centros de enseñanza bilingüe. Unos se centran en comprobar el funcionamiento de este método (Nieto y Ruiz Cordero, 2018; Ruiz de Zarobe, 2013) y otros en el aprendizaje de la lengua vehículo de instrucción (Falcón y Lorenzo, 2015) o en el uso de la lengua materna (Martín-Macho y Faya, 2020). Igualmente, encontramos investigaciones sobre el desarrollo del contenido en lengua extranjera (Fernández, et al., 2017; Surmont et al., 2016), referentes a la formación del profesorado (Pérez Cañado, 2016; Ruiz Cordero, 2018), sobre la opinión de los docentes (Pladevall-Ballester, 2015), acerca de la motivación de los alumnos que siguen esta metodología (De Smet et al. 2018 y Geoghegan, 2018) y otras sobre los resultados de este enfoque en contextos urbanos y rurales (Alejo y Piquer, 2016; Pavón, 2018). No obstante, hemos comprobado que, aunque hay varios estudios en relación con la opinión de las familias (Pladevall-Ballester, 2015), escasean los relativos a la opinión de los estudiantes que están involucrados en programas bilingües a través de la metodología AICLE, sobre todo en educación primaria. Por este motivo hemos decidido llevar a cabo este trabajo cuyo objetivo principal es conocer el nivel de lengua inglesa, el grado de satisfacción y la opinión de los estudiantes respecto a la enseñanza bilingüe, usando la metodología AICLE, en dos comunidades autónomas: la Comunidad de Madrid y Castilla- La Mancha. Con los datos obtenidos podremos comparar las opiniones de los alumnos en ambas comunidades autónomas.

Este estudio se estructura del siguiente modo. En primer lugar, se expone información sobre la metodología AICLE (definición, razones por las que se usa este método, los beneficios y el perfil del profesorado AICLE), llevada a cabo en el desarrollo de los programas bilingües en ambas comunidades autónomas. En segundo lugar, se muestra el origen y la distribución de los programas bilingües tanto en la Comunidad de Madrid como en Castilla-La Mancha. En tercer lugar, se presenta el trabajo de investigación en el que se detalla el tipo de alumnado que ha participado, la encuesta que han completado todos los estudiantes y el lugar en el que se ha realizado la misma. En la cuarta sección de este trabajo se exponen y analizan los resultados obtenidos con las encuestas. En quinto lugar, se muestran las diferencias encontradas, estadísticamente significativas, tras haber analizado los resultados en ambas comunidades autónomas. Finalmente, se redactan las conclusiones alcanzadas sobre la opinión de los estudiantes acerca de este programa de estudios, su nivel de idioma, su grado de satisfacción respecto a la enseñanza bilingüe en su centro educativo y se explican las diferencias encontradas entre el alumnado de la Comunidad de Madrid y el de Castilla-La Mancha.

2. Metodología AICLE

2.1 DEFINICIÓN

La metodología AICLE (Aprendizaje Integrado de Contenido y Lengua Extranjera) es una traducción al castellano de CLIL (Content and Language Integrated Language). Esta metodología, usada para impartir enseñanzas bilingües, otorga a los alumnos la oportunidad de utilizar otras lenguas de forma natural, hasta el punto de que llegan a olvidarse de que están aprendiendo un idioma y se concentran en los contenidos que están aprendiendo.

El concepto de AICLE fue creado en 1994 por David Marsh (Finlandia) y Anne Maljers (Holanda) (Maljers et al., 2007) quienes lo describieron como *"a dual-focused educational approach in which an additional language is used for the learning and teaching of both content and language"*. Este término ha sido definido en muchas ocasiones y por muchos investigadores como Coyle et al., 2010; Dalton- Puffer, 2007 y Mehisto et al., 2008, entre otros. Todas las definiciones, aunque diferentes entre sí, formulan una misma idea (Nieto, 2013):

- En primer lugar, el AICLE se caracteriza por la integración de lengua extranjera y contenidos. De este modo el aprendizaje de ambos se lleva a cabo de manera conjunta e integrada dentro del contexto educativo.

- En segundo lugar, el AICLE es un enfoque educativo que se desarrolla dentro del sistema curricular propio de las enseñanzas formales y es aplicable en todos sus niveles: educación infantil, primaria, secundaria y terciaria.

- En tercer lugar, en el AICLE, una materia escolar no lingüística como educación física, ciencias o la música, por ejemplo, se imparte total o parcialmente en una lengua distinta de la lengua materna o mayoritaria. Una lengua adicional puede referirse a una lengua extranjera cuyo aprendizaje es considerado valioso como vehículo de intercambio transnacional, como ocurre en la actualidad con el inglés, lingua franca por excelencia. Pero el AICLE puede dar también respuesta a una pluralidad de situaciones lingüísticas conflictivas. De este modo, también se consideran lenguas adicionales las lenguas regionales o autóctonas cuyo uso en el sistema educativo como lengua vehicular de contenidos favorece la creación de sociedades bilingües y evita la discriminación y desigualdad de los hablantes de la lengua regional.

- En cuarto lugar, este enfoque se centra en dos aspectos básicos, la enseñanza y el aprendizaje. Así, para Mehisto et al. (2008) la enseñanza AICLE persigue un tercer objetivo que hay que añadir a la adquisición de contenidos y de lengua extranjera, que es la adquisición de habilidades de aprendizaje, tal y como ilustran en su triada (figura 1). Por tanto, las estrategias cognitivas y de aprendizaje constituyen el elemento de unión que conecta y posibilita la adquisición integrada de la lengua vehicular y de los contenidos curriculares.

Figura 1. Objetivos de aprendizaje. Extraído de Mehisto et al. (2008:12)

Fuente: Mehisto et al. (2008:12)

En cuanto a las características de esta metodología, según Coyle et al. (2010), un currículo, desde una perspectiva AICLE, está fundamentado en las cuatro Ces (figura 2): contenido (conocimiento, habilidades y comprensión específico de la asignatura), comunicación (el uso de la lengua extranjera para aprender y comunicar el contenido de la asignatura), cognición (las habilidades de pensamiento, la formación de conceptos abstractos y concretos, la compresión y el lenguaje) y cultura (la conexión entre el aprendizaje de ambos, contenido y lengua con las culturas del estudiante y de la lengua extranjera). Estos cuatro elementos tienen que ser integrados, como se aprecia en la figura 2, y no considerados de forma separada para poder garantizar un fundamento pedagógico verdaderamente innovador y coherente con los objetivos de este enfoque.

Figura 2. Las cuatro Ces de AICLE.

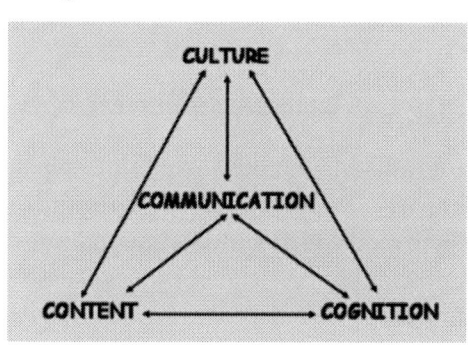

Fuente: Coyle et al. (2010:41).

A partir de esto, hay autores como D′Angelo (2011) a los que les parece oportuno añadir a las cuatro Ces de Coyle una quinta C, cooperación, para poner de relieve que la cooperación – aunque implícita en su definición – es un rasgo distintivo del enfoque AICLE: la cooperación caracteriza la relación entre alumno y alumno, docente y alumnado, docente de contenido y de lengua, o mejor de lenguas, para subrayar el papel fundamental que tiene la lengua materna en el aprendizaje lingüístico y no lingüístico. A continuación mostramos el esquema de las cinco Ces, propuesto por D′Angelo (2011), en la figura 3.

Figura 3. Esquema de las cinco Ces de AICLE.

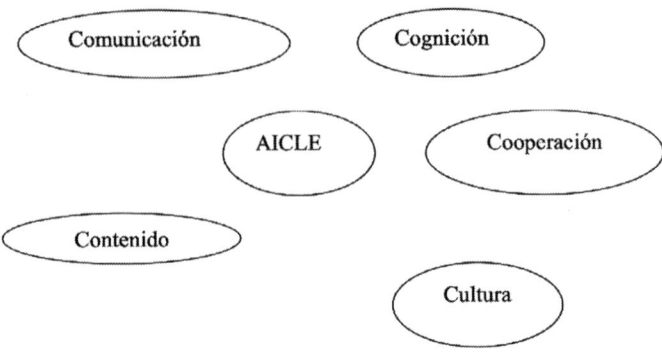

Fuente: D'Angelo (2011).

2.2 RAZONES POR LAS QUE SE USA LA METODOLOGÍA AICLE

Coyle et al. (2010) distinguen dos razones principales por las que se sostiene el interés en AICLE dentro de un país o región. Una de ellas es una razón proactiva, como modo de promover el aprendizaje de una lengua por razones políticas, económicas y sociales. Este es el caso de los programas de inmersión en francés de Canadá, como forma de apoyar el bilingüismo, o los programas AICLE que promueve la política de la Unión Europea para fortalecer las relaciones y movilidad entre los países de la misma. La Unión Europea se ha convertido, en esencia, en un territorio sin fronteras, en cuyo seno todos los ciudadanos tienen derecho a vivir, estudiar o trabajar donde deseen; sin embargo, no saber idiomas sigue representando una barrera invisible contra la libre circulación que es preciso eliminar y los programas bilingües son una de las medidas más eficaces.

Desde un punto de vista pedagógico existen numerosas razones por las que los programas bilingües y AICLE son recomendables:

· En primer lugar, ofrecen ventajas para el desarrollo cognitivo de los alumnos (Bialystock, 2009).

- Conllevan una ganancia significativa de la lengua objeto (L2) como lo demuestran numerosos estudios sobre inmersión lingüística en Canadá y AICLE en Europa.

- Favorecen la colaboración de los profesores entre sí y con la administración del centro ya que gran parte de la comunidad se verá implicada en el aprendizaje de la lengua y contenido.

- Propician un uso auténtico y real de la lengua extranjera ya que se usa como medio de comunicación en el aula.

- Con el aprendizaje de diversas asignaturas, se aprende sobre la cultura de la lengua extranjera y se usan materiales originales.

- Con AICLE no hay cabida para actividades memorísticas o descontextualizadas como por ejemplo aprender las formas gramaticales de memoria, que promoverían un aprendizaje mecanicista del inglés, sino que se promueve un aprendizaje significativo, debido a que se aprende la lengua de una forma comunicativa, al aprenderse de forma natural como ocurre la lengua materna (Navés y Muñoz, 2000 y Pérez, 2011).

- El alumno se involucra de manera activa, no tanto en el aprendizaje de contenido, pero si en el aprendizaje del lenguaje, ya que construye su propio aprendizaje de forma autónoma, de modo que relaciona lo que tiene y conoce respecto a lo que se quiere aprender ante la necesidad comunicativa inmediata (Pérez, 2011).

- Con este método los alumnos pueden marcarse sus propios objetivos y centrarse en aquellos elementos que son necesarios ante la necesidad comunicativa.

- Es un método más efectivo que cualquier enseñanza tradicional de idiomas.

- Los alumnos se sienten más motivados porque comprueban que lo que están estudiando es auténtico y relevante.

2.3 BENEFICIOS DE LA METODOLOGÍA AICLE

El bilingüismo, en general, conlleva numerosos beneficios para el alumnado y para el resto de la comunidad educativa, reflejándose de la siguiente forma (Bolarín et al., 2021):

- Mejora la competencia lingüística de la lengua materna.

- Favorece el aprendizaje de nuevas estrategias cognitivas.

- Mejora los resultados académicos y la actitud positiva hacia el aprendizaje en general.

- Desarrolla la competencia cultural.

En concreto, la enseñanza/aprendizaje que sigue la metodología AICLE tiene innumerables ventajas, entre las que podemos destacar cuatro grandes bloques:

1. El impacto de AICLE en la mejora de la adquisición de la lengua extranjera.

La introducción de AICLE en la enseñanza se basa en el convencimiento de la eficacia de esta herramienta para mejorar la adquisición de lenguas extranjeras. En este sentido, encontramos muchos estudios en los que se demuestra que esta metodología ayuda a mejorar el dominio de la lengua extranjera. Entre ellos podemos destacar los llevados a cabo en el País Vasco (Lasagabaster, 1998) que demuestran que los alumnos alcanzaban no sólo un bilingüismo más equilibrado, sino mejores puntuaciones también en la lengua extranjera.

En Andalucía, Lorenzo et al. (2009) mostraron el impacto positivo en los niveles competenciales tanto en la lengua materna como en la lengua extranjera de los alumnos pertenecientes a las secciones bilingües, que obtuvieron en las pruebas de lengua extranjera una puntuación un 24% más de media que la del grupo de control no bilingüe (Travé, 2013).

Existen otras investigaciones, como las de Navés y Victori (2010) en Cataluña, que prueban que los estudiantes que siguen la metodología AICLE en octavo curso superan en nivel de idioma en todas las destrezas a estudiantes que no siguen la metodología AICLE de un curso superior (Sylvén, 2013).

A nivel europeo, otro informe llevado a cabo en Finlandia por Nikula (2008) muestra que los estudiantes AICLE superan a los no-AICLE en su nivel de idioma extranjero y se muestran más seguros al utilizar este idioma. Alemania es otro país donde los beneficios del AICLE, a nivel lingüístico, han sido demostrados por Zydatiss (2007), al igual que en Austria donde contamos con numerosos estudios de Dalton-Puffer (2007) que revelan resultados similares.

2. La no interferencia en el aprendizaje de contenido enseñado en lengua extranjera.

Una de las grandes preocupaciones por parte del profesorado y de las familias es si esta metodología interfiere negativamente en la adquisición de contenidos de las distintas disciplinas no lingüísticas.

En cuanto al contenido hay gran cantidad de estudios en los programas de inmersión canadienses que demuestran que los contenidos, enseñados en lengua extranjera, se adquieren de manera similar en alumnos monolingües y en alumnos procedentes de programas de inmersión (Fortune y Tedick, 2003; Genesee, 1987; Turnbul et al., 2001).

A nivel europeo, por un lado, contamos con los estudios de Admiraal at al. (2006), Badertscher y Bieri (2009), San Isidro (2010), Seikkula-Lieno (2007), Van de Craen et al. (2007) y Vollmer (2008) que muestran resultados similares entre alumnos que estudian contenidos en lengua extranjera y los que lo hacen en su lengua materna. Hasta hay un par de estudios que confirman un mayor rendimiento de los alumnos AICLE respecto al contenido (Bergroth, 2006 y Grisaleña et al. 2009). En este sentido podemos destacar el caso de Finlandia, donde existen estudios como el de Bergroth (2006) que explicó cómo se organiza el AICLE para alcanzar resultados muy elevados tanto en idioma como en contenido. También cabe mencionar el estudio de Otwinowska (2014) quien comparó el desarrollo del

AICLE en Polonia y en Finlandia. Los resultados obtenidos, en cuanto a contenido e idioma, fueron más altos en Finlandia debido, entre otras cosas, a que los estudiantes empiezan el programa en educación infantil, a que el profesorado tiene mucha libertad en el aula para realizar las tareas, a que se evalúa el proceso de aprendizaje y no el resultado (no se hacen exámenes) y, algo muy importante: el profesorado recibe formación específica y, a su vez, una remuneración muy alta en Finlandia.

Por otro lado, existen otros estudios realizados por Nyholm (2002) y Wasburn (1997) que descubren resultados más bajos en cuanto a la adquisición de contenidos siguiendo la metodología AICLE. A su vez, Hajer (2000) observó la tendencia a simplificar los contenidos de las materias impartidas en otro idioma, ya que los alumnos encontraban mucha dificultad en ellas (Dalton-Puffer, 2007). Así, el temario en AICLE se ve obligado a sacrificar elementos que posteriormente se compensan debido a la profundidad con la que se procesa la información en esta metodología (Lorenzo, 2010 y Met, 1998) y a los aspectos culturales que se incluyen.

A todo lo mencionado anteriormente respecto al aprendizaje del contenido en lengua extranjera, hay que sumar otras investigaciones como la de Coonan (2007) que explica el modo en que los alumnos cambian a la lengua materna, debido a la dificultad del contenido de la asignatura en lengua extranjera. Esto puede hacer, según los estudios de Lasagabaster y Sierra (2009), que el interés hacia la materia en otro idioma disminuya.

Para concluir este apartado debemos mencionar, como indica Bruton (2011, pp.523-532), que hay muchos factores a tener en cuenta a la hora de medir la eficacia del AICLE tanto en el desarrollo de la competencia lingüística en lengua extranjera como en la adquisición de contenidos. Por ello, existen muchos estudios en los que los alumnos AICLE superan a los no-AICLE, pero no consideran aspectos importantes como el hecho de que la mayoría de los alumnos AICLE se prestan voluntarios al estudio y, por ello, suelen ser los más motivados y los que siempre obtienen mejores calificaciones, la cantidad de horas a las que son expuestas los alumnos en lengua extranjera (excesivas para los resultados que se obtienen) y también el tipo de instrucción que reciben los estudiantes AICLE fuera del aula que, en muchas ocasiones, es más significativa que la que reciben dentro del aula ordinaria.

3. No hay efecto negativo en el desarrollo de la lengua materna.

Las familias del alumnado presentan un gran interés por conocer si los programas bilingües afectan negativamente o no a la adquisición de la lengua materna.

Es importante destacar que en los programas AICLE la mayoría del currículo se imparte en la lengua materna por lo que la adquisición de la misma no se ve afectada (Bergroth, 2006; Lorenzo et al. 2009; Seikkula- Leino, 2007; Van de Craen et al. 2007). Es más, hay estudios que demuestran mejores resultados de los alumnos de programas bilingües en su competencia lingüística en lengua materna (De Samblanc, 2007; De Vriese, 2007; Merisuo-Storm, 2007; Nikolov y Mihaljevic, 2006).

A estos estudios hay que sumar la investigación que realizaron en Norteamérica Baker et al. (2013) donde comprobaron que alumnos monolingües angloparlantes escolarizados en programas bilingües (con equilibrio de lenguas al 50%), no sólo lograban aprender español, sino que se posicionaban por delante de monolingües angloparlantes de otros centros en tareas fonológicas claves para la lectura.

En definitiva, podemos afirmar que todos los estudios coinciden en destacar que las enseñanzas bilingües no suponen ningún impedimento ni efecto negativo en la adquisición de la lengua materna y, además, no sólo tienen éxito, sino que no perjudican en ningún sentido al alumno (Pavesi et al., 2001).

4. Otros beneficios que podemos destacar son los siguientes:

- El aprendizaje de otro idioma se convierte en una experiencia vivencial y multicultural que posibilita una actitud positiva hacia el bilingüismo y hacia otras culturas. Además, supone una inmersión lingüística más profunda que ayuda a los alumnos a procesar la lengua extranjera.

- El alumno utiliza la lengua extranjera para la acción, para aportar soluciones a problemas, por lo que mejora la expresión e interacción oral de los alumnos en la lengua extranjera.

- Los alumnos desarrollan múltiples estrategias de aprendizaje. El hecho de trabajar el contenido de una materia en otra lengua supone un mayor esfuerzo a la hora de comprender y de crear conocimiento, lo cual implica que el aprendizaje se realice desde varias perspectivas distintas, estimulando las capacidades cognitivas del estudiante.

- Capacita al individuo para el mundo laboral, debido a que el uso de una lengua extranjera abre puertas a los profesionales de todas las ramas.

- Incrementa la motivación del estudiante, pues este método requiere técnicas y actividades durante su preparación académica.

2.4 PERFIL DEL PROFESORADO AICLE

Debido a la rápida expansión de la educación bilingüe a nivel global, se requiere que el profesorado AICLE reciba formación pertinente para hacer frente a las características de estas aulas, donde, como indican Delicado y Pavón (2015) y Jover et al. (2016), el enfoque AICLE se erige como fórmula imprescindible para atender a las necesidades de estos grupos.

De entre la multitud de factores a nivel escolar que afectan a la eficacia en la educación bilingüe, el primero de los elementos que Wright y Baker (2017) identifican como fundamental es el proceso de selección, contratación y retención de profesorado considerado "altamente eficaz" ya que, según indica Escobar (2013), la figura de este profesional es uno de los pilares fundamentales donde recae la responsabilidad de que la educación bilingüe sea de calidad.

España ha adaptado su sistema universitario para formar parte de un sistema más comparable, compatible y coherente para la educación superior europea (Ministerio de Educación Cultura y Deporte, 2003). Siendo miembro del Proceso de Bolonia (1999) y del Espacio Europeo de Educación, entre los cambios más notables que encontramos en la universidad española podemos destacar la estructura de tres ciclos (grado / máster/ doctorado) y la introducción de un sistema compartido de créditos, conocido como ECTS (European Credit Transfer and Acumulation System).

En cuanto a la formación inicial de maestros, presentamos un resumen de la oferta actual del grado de maestro en educación primaria (tabla 1) y educación infantil (tabla 2), recogidas en la Resolución de 17 de febrero de 2010, de la Universidad de Castilla-La Mancha, por la que se publican los planes de estudios de Graduado en Maestro en Educación Primaria y Educación infantil (BOE 55 de 4 de marzo de 2010):

- Grado en Educación Infantil o Primaria (4 años / 240 ECTS): realización de prácticas en centros educativos anualmente, equivalentes a 48 créditos ECTS. Actualmente el periodo de docencia y el de prácticas se lleva a cabo de manera simultánea y, a diferencia de antes, ahora el periodo de prácticas es de un curso académico distribuido en los últimos años del grado.

- Existe la posibilidad de estudiar la mención de lengua extranjera: inglés en ambos grados (primaria e infantil) como podemos ver en las tablas 1 y 2 del plan de estudios de la Facultad de Educación de Cuenca, de la Universidad de Castilla-La Mancha.

- Es obligatorio obtener un nivel B1 en un idioma extranjero para completar el grado y alcanzar un nivel B2 para obtener el título de la mención en un idioma extranjero. Como señalan García y Lorente (2014), se ha optado por una perspectiva generalista en este programa académico, proponiendo las menciones en sustitución de las antiguas asignaturas optativas.

Tabla 1. Menciones ofertadas en el grado de maestro en educación primaria en la Facultad de Educación de Cuenca, Universidad de Castilla-La Mancha.

GRADO DE MAESTRO EN EDUCACIÓN PRIMARIA					
CURSO 2023-24					
MENCIONES					

MENCIÓN EN PEDAGOGÍA TERAPÉUTICA (33-35 plazas)					
CURSO	COD.	DENOMINACIÓN	Profesorado	Período	Creditos
3	46342	Formación Práctica en la prevención y tratamiento de las necesidades educativas especiales (Formación práctica)	Mariano Herraiz / Pilar Sánchez	C1	6
3	47365	Tratamiento educativo de las necesidades procedentes de la diversidad cultural	Mariano Herraiz / Enrique Lázaro	C2	6
4	46344	Problemas del desarrollo y atención temprana	Ángel Antonio Bonilla	C1	6
4	46345	Prevención y tratamiento en las dificultades psicológicas	Mª Trinidad Sánchez	C1	6
4	47364	Tratamiento educativo de las dificultades de aprendizaje y de la diversidad de necesidades específicas	Mariano Herraiz	C1	6

MENCIÓN EN LENGUA EXTRANJERA: INGLÉS (33-35 plazas)					
CURSO	COD.	DENOMINACIÓN	Profesorado	Período	Creditos
3	46377	Metodología y nuevas tecnologías (Formación práctica)	Begoña Ruiz	C1	6
3	46378	Destrezas comunicativas en lengua inglesa I	Roberto Martínez	C2	6
4	46379	Discurso y gramática en el aula	A. Jesús Moya	C1	6
4	46380	Destrezas comunicativas en lengua inglesa II	Julia McNally	C1	6
4	46381	Aprendizaje integrado de contenidos y lengua extranjera (AICLE)	Marta del Pozo	C1	6

MENCIÓN EN EDUCACIÓN FÍSICA (33-35 plazas)					
CURSO	COD.	DENOMINACIÓN	Profesorado	Período	Creditos
3	46340	Juegos, ocio y recreación (Formación práctica práctica)	Jorge Abellán / Luis Antonio Rosillo	C1	6
3	46387	Condición Física y salud	Natalia Arias	C2	6
4	46336	Percepción, movimiento y expresión	Natalia Arias / Gonzalo Requena	C1	6
4	46388	Iniciación deportiva	Jorge Abellán	C1	6
4	46337	La formación del profesorado de Educación Física	Alejandro Prieto	C1	6

MENCIÓN EN MÚSICA (33-35 plazas)					
CURSO	COD.	DENOMINACIÓN	Profesorado	Período	Creditos
3	47376	Lenguajes musicales (Formación práctica práctica)	José Luis de la Fuente	C1	6
3	46382	Expresión instrumental	Míriam Castellanos	C2	6
4	46332	Expresión vocal y corporal	Dolores Segarra / Míriam Castellanos	C1	4,5
4	47362	Historia de la música	José Luis de la Fuente	C1	4,5
4	46383	Didáctica de la música	Marco Antonio de la Ossa	C1	4,5
4	47363	Prácticas musicales creativas	Dolores Segarra / Pedro García	C1	4,5

MENCIÓN EN AUDICIÓN Y LENGUAJE (33-35 plazas)					
CURSO	COD.	DENOMINACIÓN	Profesorado	Período	Creditos
3	47366	Psicopatología y evaluación de los trastornos del lenguaje	Ricardo García de León	C1	6
3	47367	Didáctica para el desarrollo de las habilidades de la comunicación y del lenguaje (Formación práctica práctica)	Ana Rosa Bodoque	C2	6
4	47370	Sistemas alternativos de comunicación	Ana Rosa Bodoque/ Mª Jesús Pardo	C1	6
4	47368	Tratamiento educativo de los trastornos de la lengua escrita	Ricardo García de León	C1	6
4	47369	Tratamiento educativo de los trastornos de la lengua oral	Ana Rosa Bodoque	C1	6

ASIGNATURAS OPTATIVAS DE TEOLOGÍA CATÓLICA -NO CONDUCEN A MENCIÓN (50 plazas)					
CURSO	COD.	DENOMINACIÓN	Profesorado	Período	Creditos
3	46416	Religión, cultura y valores	José Luis Loriente	C1	6
3	46417	El mensaje cristiano	José Luis Loriente	C2	6
4	46418	La Iglesia, los sacramentos y la moral	José Luis Loriente	C1	6
4	46419	Pedagogía y didáctica de la religión en la escuela	José Luis Loriente	C2	6

Fuente: https://www.uclm.es/-/media/Files/C01-Centros/cu-educacion/
TITULACIONES/GRADO-PRIMARIA/20240419--GRADO-PRIMARIA-23-24.ashx

Tabla 2. Menciones ofertadas en el grado de maestro en educación infantil en la Facultad de Educación de Cuenca, Universidad de Castilla-La Mancha.

GRADO DE MAESTRO EN EDUCACIÓN INFANTIL
CURSO 2023-24
MENCIONES

MENCIONES

CURSO	COD.	DENOMINACIÓN	Profesorado	Per	Cred
MENCIÓN EN PEDAGOGÍA TERAPÉUTICA (33-35 plazas) (Más info...)
3	47378	Necesidades Educativas en Educación Infantil (Formación didáctico práctica)	Mariano Herraiz Pilar Sánchez	C1	6
3	47379	La Educación Infantil ante la diversidad	Águeda Garrido	C2	6
4	46344	Problemas del desarrollo y atención temprana	Ángel Antonio Bonilla	C1	6
4	47380	Estimulación temprana: Prevención e intervención en las dificultades psicológicas	Mª Trinidad Sánchez	C1	6
4	47364	Tratamiento educativo de las dificultades de aprendizaje y de la diversidad de necesidades específicas	Mariano Herraiz	C1	6
MENCIÓN EN LENGUA EXTRANJERA: INGLÉS (15-20 plazas) (Más info...)
3	47377	Metodología práctica para Educación Infantil (Formación didáctico práctica)	Begoña Ruiz	C1	6
3	46378	Destrezas comunicativas en lengua inglesa I	Roberto Martínez	C2	6
4	47387	Fonética inglesa para el aula de Infantil	José Miguel Alcolado	C1	6
4	46380	Destrezas comunicativas en lengua inglesa II	Julia McNally	C1	6
4	47388	Gramática y discurso para el aula de Infantil	A. Jesús Moya	C1	6
MENCIÓN EN LENGUAJES CREATIVOS PARA LA EDUCACIÓN INFANTIL (35 plazas)
3	47382	Actividad física y juegos motores orientados a la salud (Formación didáctico práctica)	Leticia Fernández	C1	6
3	47381	Didáctica de la música en Educación Infantil	Marco Antonio de la Ossa	C2	6
4	47395	Producción e interpretación plástica y visual	Marco Antonio de la Ossa	C1	4,5
4	47384	Producción e interpretación musical	M Por determinar	C1	4,5
4	47383	Didáctica de la expresión plástica en Educación Infantil	Julia Grifo	C1	4,5
4	46396	El teatro en la Escuela y la expresión dramática	Martín Muelas	C1	4,5

ASIGNATURAS OPTATIVAS DE TEOLOGÍA CATÓLICA (50 plazas) No conducentes a mención
3	46416	Religión, cultura y valores	José Luis Laguía	C1	6

CURSO	COD.	DENOMINACIÓN	Profesorado	Per	Cred
3	46416	Religión, cultura y valores	José Luis Laguía	C1	6
3	46417	El mensaje cristiano	José Luis Laguía	C2	6
4	46418	La Iglesia, los sacramentos y la moral	José Luis Laguía	C1	6
4	46419	Pedagogía y didáctica de la religión en la escuela	José Luis Laguía	C2	6

Fuente: https://www.uclm.es/-/media/Files/C01-Centros/cu-educacion/
TITULACIONES/GRADO-INFANTIL/20240419--GRADO-INFANTIL-23-24.ashx

Como podemos comprobar, tras visualizar las tablas 1 y 2, la asignatura AICLE aparece sólo en el grado de primaria con una carga lectiva de 6 créditos ECTS que se imparten en un cuatrimestre. Sin embargo, comprobamos que también existe la asignatura de metodología (con una carga lectiva de 6 créditos ECTS), en los dos grados (primaria e infantil), que ayuda al fututo docente bilingüe a planificar y desarrollar sus clases en lengua inglesa.

En la Facultad de Educación de la Universidad Complutense de Madrid, encontramos una formación similar en la mención de lenguas extranjeras, en la oferta actual del grado de maestro, como se aprecia en la tabla 3. Al igual que en la Universidad de Castilla-La Mancha, la carga lectiva para formar a maestros bilingües alcanza 12 créditos que se cursan en dos asignaturas: formación para el bilingüismo y recursos didácticos en lengua extranjera.

Observando ambos planes de estudios comprobamos que existe un desajuste entre la capacitación de los docentes y las demandas de los programas bilingües porque este sistema basado en menciones ha significado, en el caso de profesores generalistas, que la formación para enseñar asignaturas en un idioma extranjero se haya reducido a 12 créditos, que es insuficiente para satisfacer las necesidades de las escuelas bilingües (Jover et al., 2016).

Tabla 3. Menciones ofertadas en el grado de maestro en educación primaria en la Facultad de Educación de la Universidad Complutense de Madrid.

OPTATIVAS DE 2º, 3ER Y 4º CURSO CONTINUACIÓN	ECTS
Mención de Lengua Extranjera en Inglés	
Didáctica de las Competencias Orales en la Lengua Extranjera (Inglés)	6
Didáctica de la Lectura y de la Escritura en Lengua Extranjera (Inglés)	6
Formación para el Bilingüismo (Inglés)	6
Recursos Didácticos en Lengua Extranjera (Inglés)	6
Mención de Lengua Extranjera en Francés	
Didáctica de las Competencias Orales en la Lengua Extranjera (Francés)	6
Didáctica de la Lectura y de la Escritura en Lengua Extranjera (Francés)	6
Formación para el Bilingüismo (Francés)	6
Recursos Didácticos en Lengua Extranjera (Francés)	6
Mención de Pedagogía Terapéutica	
Bases Psicológicas de la Educación Especial	6
Didáctica para la Atención a la Diversidad	6
Intervención Neuropsicológica en Educación	6
Psicopatología de la Edad Escolar	6
Mención de Audición y Lenguaje	
Intervención Didáctica en Audición y Lenguaje	6
Psicobiología del Lenguaje	6
Psicopatología de la Audición y Lenguaje	6
Sistemas Alternativos de Comunicación	6
Mención en Música	
Formación Instrumental y Agrupaciones Musicales Escolares	6
Formación Vocal y su Aplicación en el Aula	6
La Audición Musical: Análisis y Metodología	6
Ritmo, Movimiento y Danza	6
Mención en Educación Física	
Actividad Física, Juego Motor y Salud	6
Didáctica de la Educación Física	6
Educación Física de Base	6
Expresión Corporal	6

Fuente: https://educacion.ucm.es/data/cont/docs/titulaciones/57.pdf

Tras revisar los planes de estudios comprobamos que el alumnado de la mención en Lenguas Extranjeras parece estar bien preparado para afrontar el reto de la educación bilingüe pero no es así ya que 30 créditos en total es insuficiente dada la relevancia y la demanda de maestros para trabajar en la amplia red de colegios bilingües, tanto de la Comunidad de Madrid como de Castilla-La Mancha. Lo recomendable sería reforzar la enseñanza de la Lengua Inglesa y de la metodología AICLE para enseñar las asignaturas en inglés en los colegios bilingües porque, como señala Dafouz (2015), enseñar en un idioma extranjero no es lo mismo que enseñar en la lengua materna. A su vez, García y Lin (2017) expresan con claridad el papel fundamental que los maestros tienen en la educación, puntualizando que, sin educadores, las escuelas no se pueden transformar y que en el mundo académico se reconoce que educar a maestros bilingües que entiendan realmente el multilingüismo es primordial si se quiere tener éxito en los esfuerzos de mejorar la educación bilingüe.

Por otro lado, es importante destacar que el nivel de competencia lingüística exigido a los alumnos de los grados de Educación con mención en lengua extranjera es un B2. Sin embargo, aunque según el Decreto 7/2014 de Castilla-La Mancha, todos los docentes deberían tener el nivel B2 en lengua extranjera, Ruiz Cordero (2016) comprobó que en Castilla-La Mancha hay un notable porcentaje de maestros que imparte docencia en lengua inglesa con un nivel B1 de idioma extranjero debido a la alta demanda y el elevado número de centros bilingües. Tanto el nivel B1 como el B2 parecen estar lejos de la excelencia de programas de formación inicial para la educación bilingüe. Por este motivo, en la Comunidad de Madrid se exige el nivel C1 para poder impartir docencia en lengua extranjera.

Como soluciones a la deficiente formación inicial del profesorado, podemos destacar la propuesta que ofrecieron Delicado y Pavón (2016). Estos autores propusieron una estructura de colaboración entre profesores universitarios y profesores experimentados de centros bilingües a través de datos obtenidos de las opiniones de profesorado de ambos niveles participantes en su proyecto. Tras llevar a cabo este estudio, lo resultados atestiguaron los beneficios de incorporar al profesorado en activo en centros bilingües en la formación de los futuros profesores para este tipo de enseñanza. Así, en la Universidad Rey Juan Carlos de Madrid, se encuentra un ejemplo de este tipo, destinado a promover el aprendizaje combinado a través de actividades en línea entre estudiantes que estudian para convertirse en maestros de Educación Primaria y maestros en servicio en escuelas bilingües de la Comunidad de Madrid (Delicado y Pavón, 2016).

Para finalizar este apartado tenemos que destacar el papel primordial de la formación permanente del profesorado debido a que se han detectado muchas carencias tanto de información como de formación (Ruiz Cordero, 2016). Como indican Manchado et al. (2023), es necesario contribuir a la formación del profesorado en materia AICLE, no solo para su formación metodológica y lingüística (Delicado y Pavón, 2015), sino también para dar a conocer que se trata de un enfoque que integra lenguas y contenidos de diversas materias para ampliar el espectro de especialidades que se animen a emplear AICLE en su actividad docente, así como para comenzar a contemplar este tipo de formación como necesaria, sostenible y permanente (Coyle, 2011, Pérez-Cañado, 2018).

3. Origen y distribución de los programas bilingües en la Comunidad de Madrid y en Castilla-La Mancha

3.1 ORIGEN Y DISTRIBUCIÓN DE LOS PROGRAMAS BILINGÜES EN LA COMUNIDAD DE MADRID

En 1996 el Ministerio de Educación y Ciencia de España y el British Council firmaron un convenio de colaboración cuyo objetivo era desarrollar un programa bilingüe en centros públicos españoles a través de un currículo integrado hispano-británico. En ese mismo año la Comunidad de Madrid comenzó a desarrollar 10 programas bilingües en educación primaria y secundaria con el proyecto denominado British Council-MEC. Posteriormente, en 2005, esta cifra ascendió considerablemente debido a la implantación de los programas lingüísticos autonómicos y en Madrid se crearon 26 programas lingüísticos llamados "Programa Bilingüe de la Comunidad de Madrid". Desde el año 2005 hasta la actualidad ha habido aumento progresivo en el número de programas bilingües incorporados en educación primaria y secundaria. En total, en el curso académico 2019/2020, curso en el que se llevó a cabo este estudio, había 796 centros bilingües: 399 colegios públicos, 216 colegios concertados, 181 institutos de educación secundaria y 9 centros públicos con ciclos de Formación Profesional. Todos ellos están sostenidos con fondos públicos, con una implantación que llega al 50% de los colegios públicos, al 59,2% de los institutos y al 54,7% de los colegios concertados. Asimismo, el Programa Bilingüe se extiendió al segundo ciclo de Educación Infantil en 99 Colegios de Educación Infantil y Primaria.

En cuanto a la lengua extranjera implantada en los programas bilingües, vamos a determinar la que predomina sobre el resto de idiomas. De los 796 Programas Bilingües que se están desarrollando, los 580 programas de educación primaria son de inglés. Sin embargo, en educación secundaria, además de los 197 programas de inglés, se llevan a cabo 15 Programas Bilingües de francés y 4 de alemán. Por lo tanto, el idioma que predomina es el inglés.

Los Programas Bilingües de la Comunidad de Madrid están distribuidos en cinco zonas conocidas como Direcciones de Área Territorial o DATs. Como podemos apreciar en la figura 4, la distribución de los 796 centros bilingües de educación primaria en las distintas DATs es muy desigual. La zona en la que encontramos el mayor número de Programas Bilingües es la DAT centro, que corresponde al municipio de Madrid con todos sus distritos. Le sigue la DAT sur. Con un número menor de Programas Bilingües están las otras tres DATs: la norte, la oeste y la este. A nivel municipal es destacable mencionar que Madrid, Alcalá de Henares, Getafe y Móstoles son los municipios de la Comunidad de Madrid con mayor número de colegios públicos bilingües y, a su vez, los de mayor población.

Figura 4. Distribución de centros bilingües curso 2019-2020 en la Comunidad de Madrid.

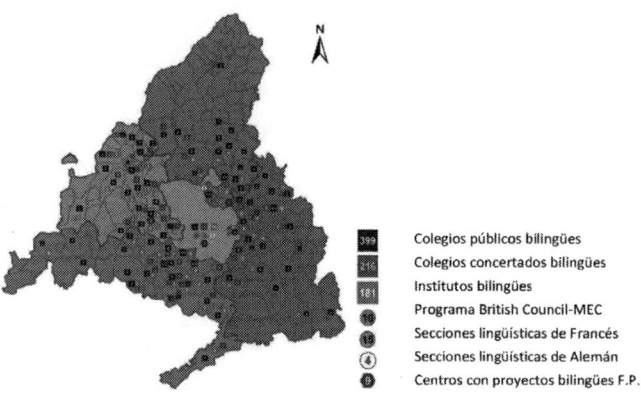

389 Colegios públicos bilingües
216 Colegios concertados bilingües
181 Institutos bilingües
Programa British Council-MEC
Secciones lingüísticas de Francés
Secciones lingüísticas de Alemán
Centros con proyectos bilingües F.P.

Figura 4.
Distribución de centros bilingües curso 2019-2020 en la Comunidad de Madrid.
Fuente: Dirección General de Bilingüismo y Calidad de la Enseñanza.

Fuente: Dirección General de Bilingüismo y Calidad de la Enseñanza.

3.2 ORIGEN Y DISTRIBUCIÓN DE LOS PROGRAMAS BILINGÜES EN CASTILLA-LA MANCHA

Castilla-La Mancha es una comunidad autónoma monolingüe en la que la enseñanza bilingüe comenzó a desarrollarse en el año 1996 con a la implantación de un Convenio de colaboración entre el Ministerio de Educación y Ciencia y el British Council (British Council-MEC). Este tipo de docencia comenzó en 7 colegios de educación infantil y primaria y en 7 institutos de enseñanza secundaria de la región.

Seguidamente, en el año 2005, la comunidad autónoma inició su propio programa de enseñanzas bilingües (orden de 07/02/2005) con la creación de 36 "secciones europeas". Esta iniciativa coincidió en el tiempo con la creación de programas bilingües en otras regiones monolingües españolas como Andalucía, con su "plan de fomento del plurilingüismo" BOJA 05/04/2005, Castilla-León que arrancó sus "secciones bilingües" mediante la Orden EDU 6/2006 de 4 de enero, o las comunidades autónomas de Madrid o Extremadura que los desarrollaron en el curso 2004/2005 (Nieto y Ruiz Cordero, 2018).

Posteriormente, en 2014, se modificó la normativa sobre las enseñanzas bilingües con la orden de 16/06/2014 y las "secciones europeas" pasaron a denominarse "programas lingüísticos". Estos programas, dependiendo del número de asignaturas que impartieran en lengua extranjera, se clasificaban en programas de iniciación (se impartía una asignatura en una lengua extranjera); de desarrollo (se impartían dos asignaturas en el idioma extranjero) y de excelencia (se impartían tres asignaturas en el idioma extranjero y al menos uno de los profesores tenía estar acreditado con un nivel C1). Esta normativa consiguió que aumentara el número de centros educativos con programas bilingües. Sin embargo, garantizar la calidad de todos ellos fue muy complicado para la administración. Por este motivo, en el curso académico 2018/2019 entró en vigor la orden 27/2018, (precedida del decreto 47/2017) cuyo objetivo fue la implantación de un programa único, vigente actualmente, llamado "proyecto bilingüe o plurilingüe" en el que los centros educativos de educación infantil y primaria imparten, en la lengua extranjera elegida, un mínimo de 200 minutos en cada uno de los niveles de educación infantil, y entre el 25% y el 50% del total del horario lectivo en cada uno de los niveles de educación primaria. En educación secundaria, estos porcentajes oscilan entre un 30% y un 50% del total de horario lectivo. Como novedad, esta ley se aplica a bachillerato y formación profesional básica (de Grado Medio o Grado Superior), donde se imparten en la extranjera elegida entre el 20% y el 50% del total del horario lectivo de cada uno de los niveles de la etapa.

Los centros educativos de educación infantil y primaria, los institutos de educación secundaria, los centros de formación profesional y las escuelas de arte, suscritos a este convenio, forman parte de la Red Regional de Centros Bilingües de Castilla-La Mancha. En el curso académico 2019/2020, cuando hemos realizado este estudio, Castilla-La Mancha cuenta con 617 proyectos bilingües en los que la lengua extranjera que predomina es el inglés (tabla 4). Así, de los 617 proyectos bilingües, 580 proyectos emplean el inglés como medio de instrucción, 23 el francés, 1 el italiano y 1 el alemán (tabla 4).

Tabla 4. *Número de proyectos bilingües y plurilingües por idioma en Castilla-La Mancha*

	IDIOMAS DE PROYECTOS ACTIVOS EN TODAS LAS ETAPAS CURSO 2019/2020							
	IN-GLÉS	FRAN-CÉS	ALE-MÁN	ITA-LIANO	ING/ FRA	ING/ ALE	FRA/ ING	TO-TAL
ALBACETE	105	7	1	1	2	1	1	118
CIUDAD REAL	144	8			2		1	155
CUENCA	43	1			0			44
GUADA-LAJARA	73	2			2			77
TOLEDO	215	5			2		1	223
	580	23	1	1	8	1	3	617

Fuente: Junta de comunidades de Castilla-La Mancha, 2019.

Como podemos observar en la figura 5, estos 617 proyectos bilingües están distribuidos en 529 colegios e institutos y se reparten en las cinco provincias que componen la región. El mayor número de centros escolares con enseñanzas bilingües se localiza en Toledo, Ciudad Real y Albacete, por este orden, seguidas de las provincias de Guadalajara y Cuenca.

Figura 5. *Número y distribución de centros bilingües curso 2019-2020 en Castilla-La Mancha.*

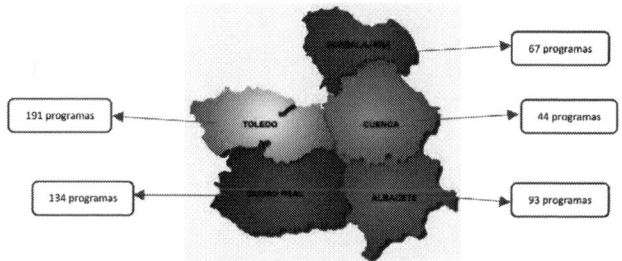

Fuente: Elaboración propia

4. Estudio

Tras conocer el origen y la distribución de los programas bilingües en las comunidades autónomas de Madrid y Castilla-La Mancha, seguidamente vamos a describir algunos aspectos metodológicos de interés. En primer lugar, explicaremos las características del alumnado que ha participado en este trabajo de investigación. En segundo lugar, detallaremos el modo en el que se han seleccionado los centros educativos de los que proceden los estudiantes participantes en el estudio. Seguidamente, describiremos la encuesta que han completado los alumnos de 5º y 6º curso de educación primaria de centros madrileños y castellanomanchegos en los que se imparte enseñanza bilingüe a través de la metodología AICLE. A su vez, con la información que nos proporcione el análisis de los resultados de las encuestas, conoceremos la opinión del alumnado sobre la enseñanza bilingüe en su centro educativo, haremos una comparación entre los resultados de las dos comunidades autónomas y dejaremos constancia del nivel de idioma adquirido en esta etapa educativa de educación primaria.

4.1. ALUMNADO

En este estudio han participado 601 alumnos de 5º y 6º curso de educación primaria que cursan enseñanzas bilingües, con el método AICLE. 289 estudiantes proceden de la DAT centro de la Comunidad de Madrid y 312 estudian en Castilla-La Mancha. Sus edades están comprendidas entre los 10 y 11 años.

En cuanto al alumnado de la Comunidad de Madrid, 145 son estudiantes de 5º curso y 144 de 6º curso. En lo que respecta a Castilla-La Mancha, 155 son alumnos de 5º curso y 157 de 6º curso. El nivel cultural y socioeconómico de todos los alumnos entrevistados es similar ya que todos proceden de zonas urbanas. Además, es destacable mencionar que todos los estudiantes han mostrado mucho interés a la hora de completar la encuesta que les hemos facilitado y tenían muchas ganas de compartir su opinión sobre el tipo de enseñanza bilingüe que se imparte en su centro educativo.

4.2. CENTROS EDUCATIVOS

Para seleccionar los centros educativos que iban a participar en este estudio contactamos con el equipo directivo de 20 colegios públicos, de educación infantil y primaria, que tienen proyecto bilingüe con al menos 4 años de experiencia en este tipo de docencia. 10 de ellos situados en Madrid capital y los otros 10 en Castilla-La Mancha, en capitales de provincia.

En la Comunidad de Madrid todos centros educativos accedieron a participar en este trabajo de investigación voluntariamente. Si embargo, en Castilla-La Mancha solo 6 de ellos quisieron tomar parte; los que no lo hicieron fue por varios motivos. Por un lado, el equipo directivo de dos centros educativos no quiso que pasásemos la encuesta debido al bajo nivel de satisfacción de las familias, consideradas un factor determinante que garantiza el proceso de enseñanza-aprendizaje (Castejón, 2014 y González-Pienda et al., 2002), con la enseñanza bilingüe que se desarrolla en sus escuelas. Por otro lado, hubo otro colegio que accedió, pero no fue serio a la hora de recoger las encuestas por lo que no pudimos contabilizarlo.

Todos los centros educativos que accedieron a participar en este trabajo de investigación lo hicieron voluntariamente y para ello les facilitamos una encuesta que debía completar el alumnado. Posteriormente, en el plazo de una semana, los estudiantes la rellenaron y entregaron, aunque al final sólo se pudieron recoger los datos de 15 centros debido a la cancelación de las clases presenciales por el COVID-19 en el mes de marzo de 2020. Se trata por tanto de una muestra incidental en la que 15 centros públicos de educación infantil y primaria, con al menos 4 años de experiencia bilingüe, y usando la metodología AICLE, decidieron colaborar en este estudio.

4.3. ENCUESTA REALIZADA POR EL ALUMNO

La encuesta, incluida en el apéndice (anexo I), ha sido elaborada por la autora de este artículo junto con un grupo de expertos profesores, de distintas disciplinas de la Universidad de Castilla-La Mancha, para asegurar que las preguntas estaban bien orientadas hacia el propósito de nuestra investigación, anteriormente mencionado. La encuesta está estructurada en torno a dos partes. En la primera parte hay 7 preguntas para saber el sexo del alumno, el curso académico en el que se encuentra, los años que lleva cursando el programa bilingüe y sus calificaciones de este año y el anterior tanto en lengua inglesa, como en la asignatura de ciencias naturales (a partir de ahora science). En la segunda parte hay 10 afirmaciones en las que, a través de una escala Likert de 5 puntos, en la que 1 significa "muy en desacuerdo" y 5 "muy de acuerdo", hemos querido medir el grado de conformidad del encuestado sobre la enseñanza bilingüe que se imparte en su centro. Es importante señalar que el alumnado ha contestado a las preguntas en 10 minutos, de forma anónima y en su aula de referencia sin estar sometido a ningún tipo de presión. Los resultados de las encuestas, como veremos en el análisis posterior, han sido analizados mediante una estadística descriptiva a través del paquete SPSS, con el test de Chi cuadrado y con el test T-Student.

5. Resultados

Una vez recopiladas las respuestas de las 601 encuestas completadas por los alumnos madrileños y castellanomanchegos de 5º y 6º curso de educación primaria, vamos a analizar los resultados obtenidos en cada comunidad autónoma, de manera anónima, examinando cada una de las preguntas propuestas de manera individual.

En la primera parte de la encuesta, en la pregunta número 1, sobre el sexo de los participantes, en la Comunidad de Madrid han participado 152 chicas y 137 chicos, lo equivalente al 52,6% de chicas y al 47,4% de chicos. En Castilla- La Mancha, comprobamos que se han involucrado 147 chicas y 165 chicos, lo equivalente al 47,1% de chicas y al 52,9% de chicos. Estos datos confirman que en ambas comunidades autónomas el número de chicos y chicas que han completado las encuestas (figura 4) es similar y gira en torno al 50% como se aprecia en la figura 6.

Figura 6. *Número de alumnos/as participantes en el estudio*

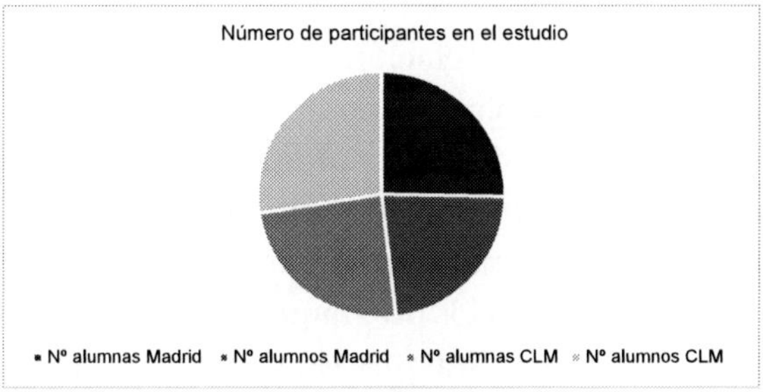

Fuente: Elaboración propia

En la segunda pregunta hemos querido conocer el curso en el que se encuentran los estudiantes para posteriormente comparar sus califica-ciones y conocer si mejoran o empeoran según aumentan de curso y se dificulta la materia. Así, en la Comunidad de Madrid, 145 estudiantes son de 5° curso (el 50,2%) y 144 de 6° curso (el 49,8%). En Castilla- La Mancha, 155 participantes están en 5° curso (el 49,7%) y 157 (el 50,3%) en 6° curso. Con estos datos, al igual que en la pregunta anterior, podemos afirmar que el número de alumnos es similar en ambos cursos académicos (figura 7).

Figura 7. *Porcentaje de estudiantes que estudian 5° y 6° curso de educación primaria en Madrid y Castilla-La Mancha*

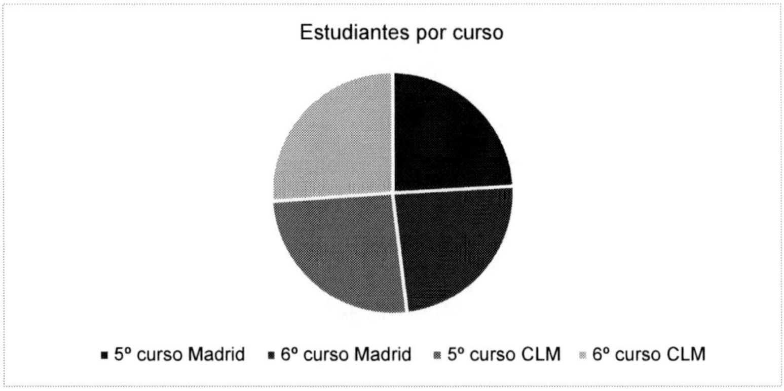

Estudiantes por curso

■ 5° curso Madrid   ■ 6° curso Madrid   ▨ 5° curso CLM   ▨ 6° curso CLM

Fuente: Elaboración propia

En la tercera pregunta, en relación con los años que los estudiantes llevan cursando el programa bilingüe, comprobamos que en la Comunidad de Madrid 278 alumnos (el 96,2%) comenzaron desde el primer curso, frente a 11 alumnos (el 3,8%) que se incorporaron después a este tipo de enseñanza. Con estos porcentajes podemos afirmar que el número de incorporaciones posteriores a los programas bilingües, en la Comunidad de Madrid, es muy bajo. En Castilla-La Mancha la situación es diferente a la de Madrid porque 206 alumnos (el 66%) comenzaron desde el primer curso y 106 alumnos (el 34%) se incorporaron después a este tipo de enseñanza. Con estos porcentajes observamos que en Castilla-La Mancha el número de personas que empezó a cursar sus estudios en otra lengua desde primero es superior a la cantidad que se incorporó después a esta docencia. Sin embargo, como podemos apreciar en la figura 8, hay una gran diferencia con los alumnos madrileños ya que el 96,2% de los estudiantes está en el programa bilingüe desde el primer curso mientras que en Castilla- La Mancha un 66% empezó en el primer curso. Esta diferencia, significativa estadísticamente, puede que afecte a la hora de valorar el programa bilingüe, como veremos posteriormente.

Figura 8. *Porcentaje de estudiantes que se incorporó al programa bilingüe en 1° curso y después.*

Fuente: Elaboración propia

En las preguntas cuarta y quinta hemos querido conocer la calificación de todo el alumnado en la asignatura de inglés, en el curso actual y en el anterior, para comprobar si el alumnado va mejorando, empeorando o se mantiene en sus calificaciones.

Por un lado, en la Comunidad de Madrid, el número de estudiantes suspensos y con calificaciones "suficiente" y "bien" aumenta, el número de "notables" se mantiene y el número de alumnos que consiguen "sobresaliente" disminuye, como vemos en la figura 9.

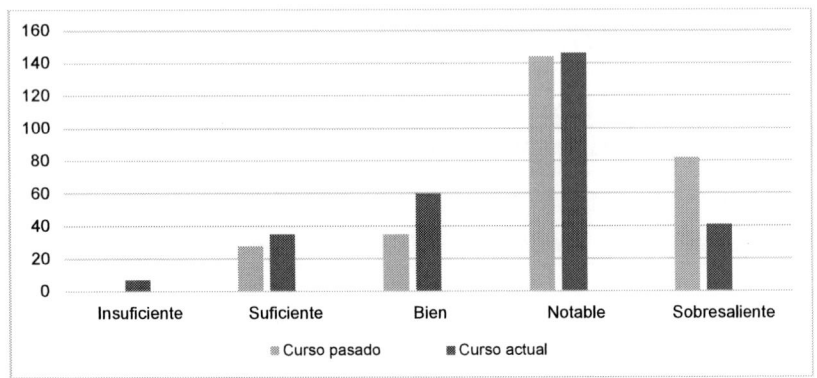

Figura 9. *Calificación en la asignatura de inglés del curso pasado y del actual en la Comunidad de Madrid.*

Fuente: Elaboración propia

Por otro lado, en Castilla-La Mancha, como muestra la figura 10, el número de estudiantes suspensos y con calificaciones "suficiente" y "bien" aumenta, mientras que el número de alumnos que consiguen "notable" y "sobresaliente" disminuye.

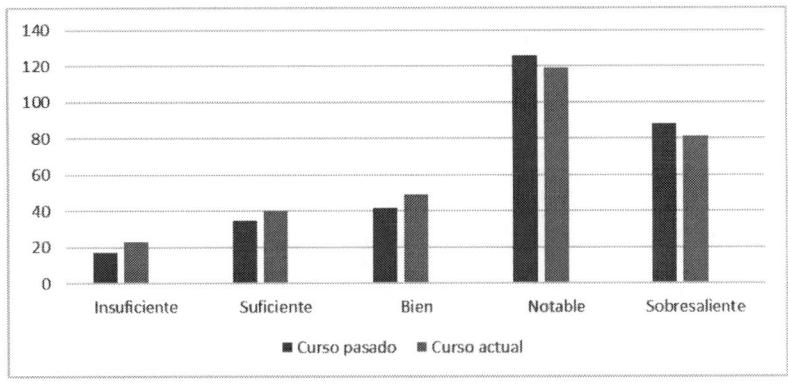

Figura 10. *Calificación en la asignatura de inglés del curso pasado y del actual en Castilla-La Mancha.*

Fuente: Elaboración propia

Con estas cifras es evidente que las notas de todos los estudiantes, en lengua inglesa, empeoran conforme el alumnado sube de nivel en ambas comunidades autónomas. Sin embargo, hemos querido conocer si existen diferencias significativas entre las calificaciones de las dos comunidades y para ello hemos usado unas tablas cruzadas (tabla 5 y 7) y el test chi cuadrado (tablas 6 y 8). Al analizar los datos, comprobamos que tanto en Madrid como en Castilla-La Mancha el número de alumnos con calificaciones "suspenso", "suficiente" y "bien" aumenta a medida que el estudiante sube de nivel. A su vez, el número de alumnos con calificación "sobresaliente" disminuye en las dos regiones. Es significativo mencionar, como apreciamos en las tablas 5 y 7, que el número de calificaciones con "notable" se mantiene en la Comunidad de Madrid mientras que en Castilla-La Mancha disminuye. Por este motivo, podemos afirmar que existen diferencias significativas, en las calificaciones de la asignatura de lengua inglesa, en ambas comunidades autónomas.

Tabla 5. *Comparación estadística con tabla cruzada de las calificaciones de inglés en el curso pasado en la comunidad de Madrid y en Castilla-La Mancha.*

			Comunidad		Total
			Castilla-La Mancha	Madrid	
Calificación de la asignatura de inglés	Insuficiente	Recuento	17	0	17
		% dentro de Comunidad	5,5%	0,0%	2,8%
	Suficiente	Recuento	35	28	63
		% dentro de Comunidad	11,4%	9,7%	10,6%
	Bien	Recuento	42	35	77
		% dentro de Comunidad	13,6%	12,1%	12,9%

			Recuento	126	144	270
	Notable		% dentro de Comunidad	40,9%	49,8%	45,2%
	Sobresa-liente		Recuento	88	82	170
			% dentro de Comunidad	28,6%	28,4%	28,5%
Total			Recuento	308	289	597
			% dentro de Comunidad	100,0%	100,0%	100,0%

Fuente: elaboración propia

Tabla 6. *Test chi cuadrado.*

	Valor	df	Significación asintótica (bilateral)
Chi-cuadrado de Pearson	19,241a	4	,001
Razón de verosimilitud	25,792	4	,000
N de casos válidos	597		
a. 0 casillas (0,0%) han esperado un recuento menor que 5. El recuento mínimo esperado es 8,23.			

Fuente: elaboración propia

Tabla 7. *Comparación estadística con tabla cruzada de las calificaciones de inglés en el curso actual en la comunidad de Madrid y en Castilla-La Mancha.*

Tabla cruzada						
				Comunidad		Total
				Castilla-La Mancha	Madrid	
Calificación de la asignatura de inglés de este curso	Insuficiente	Recuento		23	7	30

		% dentro de Comunidad	7,4%	2,4%	5,0%
	Suficiente	Recuento	40	35	75
		% dentro de Comunidad	12,8%	12,1%	12,5%
	Bien	Recuento	49	60	109
		% dentro de Comunidad	15,7%	20,8%	18,1%
	Notable	Recuento	119	146	265
		% dentro de Comunidad	38,1%	50,5%	44,1%
	Sobresa-liente	Recuento	81	41	122
		% dentro de Comunidad	26,0%	14,2%	20,3%
Total		Recuento	312	289	601
		% dentro de Comunidad	100,0%	100,0%	100,0%

Fuente: elaboración propia

Tabla 8. *Test chi cuadrado.*

Pruebas de chi-cuadrado			
	Valor	df	Significación asintótica (bilateral)
Chi-cuadrado de Pearson	24,999a	4	,000
Razón de verosimilitud	25,674	4	,000
N de casos válidos	601		
a. 0 casillas (0,0%) han esperado un recuento menor que 5. El recuento mínimo esperado es 14,43.			

Fuente: elaboración propia

Para comprobar si esta diferencia de calificaciones sucede en más asignaturas relacionadas con la lengua inglesa, seguidamente vamos a mostrar las respuestas de las preguntas sexta y séptima donde hemos preguntado al alumnado por sus notas obtenidas en la asignatura de science en este curso académico y en el anterior, en ambas comunidades autónomas.

En la Comunidad de Madrid podemos comprobar (figura 11) que el número de alumnos suspensos y con calificación "suficiente" y "bien" aumenta. Al mismo tiempo, es evidente que el número de estudiantes con "notable" y "sobresaliente" disminuye.

Figura 11. *Calificación en la asignatura de science del curso pasado y del actual en la Comunidad de Madrid.*

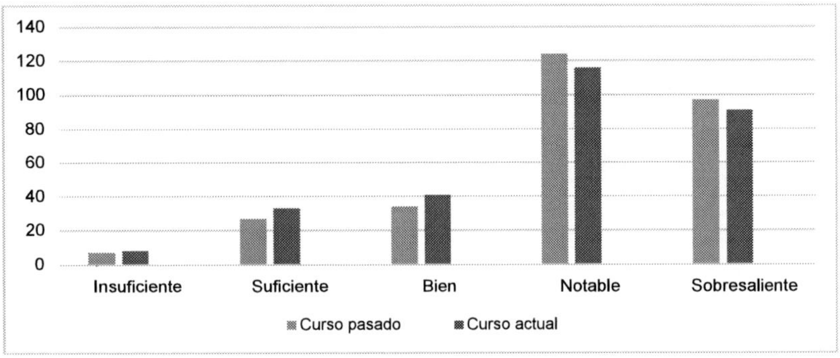

Fuente: Elaboración propia

En Castilla- La Mancha, como vemos en la figura 12, los resultados obtenidos sobre las notas de la asignatura de science se asemejan a los recogidos en la asignatura de inglés que acabamos de analizar. En science el número de alumnos suspensos y con calificación "suficiente" "bien" y "notable" aumenta. Al mismo tiempo, es evidente que el número de estudiantes con "sobresaliente" disminuye.

Figura 12. *Calificación en la asignatura de science del curso pasado y del actual en Castilla-La Mancha*

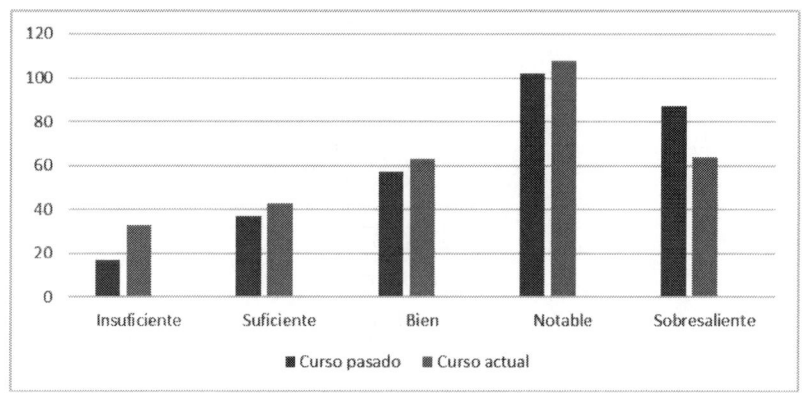

Fuente: Elaboración propia

Este empeoramiento de las calificaciones en ambas asignaturas (inglés y science) y en ambas comunidades, se puede deber, como indican Valdés et al. (2006), a que a medida que los alumnos alcanzan grados más altos, aumenta la dificultad de los contenidos explicados en el segundo idioma y necesitan un mayor dominio de las habilidades necesarias para obtener buenos resultados.

En cuanto a la comparación de notas obtenidas en el curso pasado y en el actual, aunque ya hemos comentado que coinciden en que los resultados empeoran conforme suben de curso, en la Comunidad de Madrid las diferencias encontradas han sido menores que en Castilla-La Mancha donde el número de suspensos se dispara y el de sobresalientes disminuye notablemente. Estas diferencias de calificaciones entre las dos comunidades son estadísticamente significativas como podemos comprobar en las tablas 9, 10, 11 y 12 en las que se muestran las tablas cruzadas y los tests chi cuadrado.

Tabla 9. *Comparación estadística con tabla cruzada de las calificaciones de science en el curso pasado en la Comunidad de Madrid y en Castilla-La Mancha.*

Tabla cruzada					
			Comunidad		Total
			Castilla La Mancha	Madrid	
asignatura Science del curso pasado	Insuficiente	Recuento	29	7	36
		% dentro de Comunidad	9,3%	2,4%	6,0%
	Suficiente	Recuento	37	27	64
		% dentro de Comunidad	11,9%	9,3%	10,6%
	Bien	Recuento	57	34	91
		% dentro de Comunidad	18,3%	11,8%	15,1%
	Notable	Recuento	102	124	226
		% dentro de Comunidad	32,7%	42,9%	37,6%
	Sobresaliente	Recuento	87	97	184
		% dentro de Comunidad	27,9%	33,6%	30,6%
Total		Recuento	312	289	601
		% dentro de Comunidad	100,0%	100,0%	100,0%

Fuente: Elaboración propia

Tabla 10. *Test chi cuadrado*

	Valor	df	Significación asintótica (bilateral)
Chi-cuadrado de Pearson	22,658a	4	,000
Razón de verosimilitud	23,693	4	,000

N de casos válidos	601		

a. 0 casillas (0,0%) han esperado un recuento menor que 5. El recuento mínimo esperado es 17,31.

Tabla 11. *Comparación estadística con tabla cruzada de las calificaciones de science en el curso actual en la Comunidad de Madrid y en Castilla-La Mancha.*

			Comunidad		Total
			Castilla-La Mancha	Madrid	
Science de este curso	Insuficiente	Recuento	33	8	41
		% dentro de Comunidad	10,6%	2,8%	6,8%
	Suficiente	Recuento	43	33	76
		% dentro de Comunidad	13,8%	11,4%	12,7%
	Bien	Recuento	63	41	104
		% dentro de Comunidad	20,3%	14,2%	17,3%
	Notable	Recuento	108	116	224
		% dentro de Comunidad	34,7%	40,1%	37,3%
	Sobresaliente	Recuento	64	91	155
		% dentro de Comunidad	20,6%	31,5%	25,8%
Total		Recuento	311	289	600
		% dentro de Comunidad	100,0%	100,0%	100,0%

Tabla 12. *Test chi cuadrado*

	Valor	df	Significación asintó-tica (bilateral)
Chi-cuadrado de Pearson	25,430a	4	,000
Razón de verosimilitud	26,581	4	,000
N de casos válidos	600		
a. 0 casillas (0,0%) han esperado un recuento menor que 5. El recuento mínimo esperado es 19,75.			

Fuente: Elaboración propia

Una vez analizada la primera parte de la encuesta, vamos a examinar los resultados alcanzados en la segunda parte para poder conocer el grado de satisfacción del alumnado Madrileño y Castellanomanchego sobre la enseñanza bilingüe que se está llevando a cabo en su centro de enseñanza. Así, vamos a mostrar varias tablas y figuras con la estadística obtenida y su correspondiente explicación de cada uno de los ítems en detalle. Seguidamente, tras haber comentado cada una de las preguntas en las dos comunidades autónomas, explicaremos las diferencias encontradas en las dos regiones.

En primer lugar, vamos a presentar las cuatro primeras cuestiones a las que han contestado los alumnos y los resultados estadísticos obtenidos en la Comunidad de Madrid (tabla 13) y en Castilla- La Mancha (tabla 14).

Las preguntas lanzadas han sido las siguientes:

1. Me gustaría que impartieran más asignaturas en lengua inglesa.

2. Con el programa bilingüe aprendo más inglés.

3. Estoy contenta/o con este tipo de clases en inglés.

4. Las asignaturas en inglés deberían ser sólo asignaturas fáciles, como educación física y plástica.

Los resultados estadísticos obtenidos, al analizar las respuestas de estas preguntas, son los que presentamos a continuación. La tabla 13 recopila los relativos a la Comunidad de Madrid y la tabla 14 muestra los de Castilla- La Mancha.

Tabla 13. *Datos estadísticos obtenidos en la segunda parte de la encuesta realizada en la Comunidad de Madrid. Preguntas 1-4.*

Comunidad		1.Me gustaría que impartieran más asignaturas en lengua inglesa	2.Con el programa bilingüe aprendo más inglés	3.Estoy contenta/o con este tipo de clases en inglés	4.Las asignaturas en inglés deberían ser sólo asignaturas fáciles, como educación física y plástica
Madrid	N Válido	289	283	289	287
	Perdidos	0	6	0	2
	Media	2,15	3,73	4,01	2,31
	Mediana	2,00	4,00	4,00	2,00
	Desviación estándar	1,148	1,007	1,070	1,373
	Asimetría	,642	-,608	-,972	,830
	Error estándar de asimetría	,143	,145	,143	,144
	Curtosis	-,391	,056	,348	-,527
	Error estándar de curtosis	,286	,289	,286	,287

Fuente: Elaboración propia

Tabla 14. *Datos estadísticos obtenidos en la segunda parte de la encuesta realizada en Castilla- La Mancha. Preguntas 1-4.*

Comunidad			1.Me gustaría que impartieran más asignaturas en lengua inglesa	2.Con el programa bilingüe aprendo más inglés	3.Estoy contenta/o con este tipo de clases en inglés	4.Las asignaturas en inglés deberían ser sólo asignaturas fáciles, como educación física y plástica
Castilla-La Mancha	N	Válido	308	307	309	306
		Perdidos	4	5	3	6
	Media		2,15	3,87	3,55	3,02
	Mediana		2,00	4,00	4,00	3,00
	Desviación estándar		1,255	1,327	1,366	1,639
	Asimetría		,783	-,941	-,602	-,001
	Error estándar de asimetría		,139	,139	,139	,139
	Curtosis		-,442	-,299	-,831	-1,604
	Error estándar de curtosis		,277	,277	,276	,278

Fuente: Elaboración propia

Analizando las respuestas de la primera pregunta comprobamos que en la Comunidad de Madrid (tabla 13 y figura 13) a la mayoría del alumnado (en torno al 90%) no le gustaría que se impartieran más asignaturas en lengua inglesa. Al mismo tiempo, en Castilla- La Mancha observamos (tabla 14 y figura 14) que más de la mitad del alumnado no quiere tener más asignaturas en lengua inglesa. Esto se puede deber a varios motivos. En primer lugar, como indican los estudios de Murillo et al. (2021, p. 94), los alumnos notan que el uso del inglés, como lengua vehicular, implica una dificultad notable a la hora de asimilar conocimientos y no tienen intención de complicarse más. En segundo lugar, siguiendo la investigación de Chaieberras y Rascón-Moreno (2018, p. 157) y de Lasagbaster y Doiz´s (2016, p. 12), podía deberse a que, a medida que los estudiantes ven que progresan en las asignaturas impartidas en lengua inglesa, a través de la metodología AICLE, dejan de darle importancia a los aspectos lingüísticos, es decir, a la lengua inglesa. En tercer lugar, el hecho de que la mayoría del alumnado asista a clases particulares de inglés fuera del horario lectivo, como veremos en la pregunta número 9 de la encuesta, también puede hacer que los estudiantes consideren que ya están suficientemente expuestos al inglés y no quieran más asignaturas en esta lengua. Sin embargo, parece que no contemplan que ese esfuerzo extra puede reportar unos beneficios económicos en su futura vida laboral, al dominar mejor un mayor número de lenguas (Baker et al., 2017). A continuación, mostramos las figuras 13 y 14 en las que podemos comprobar que no hay diferencias significativas entre las dos comunidades autónomas.

Figuras 13 y 14. *Respuestas ítem número 1 en la Comunidad de Madrid y en Castilla-La Mancha.*

Comunidad de Madrid   Castilla-La Mancha

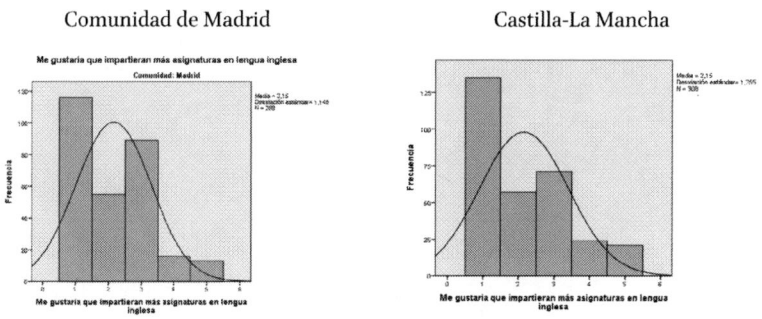

Fuente: Elaboración propia

En la pregunta número 2, con la que queremos saber si los alumnos consideran que con el programa bilingüe aprenden más inglés, apreciamos que tanto en la Comunidad de Madrid (tabla 13 y figura 15) como en Castilla-La Mancha (tabla 14 y figura 16) la mayoría de los estudiantes considera que se está incrementando su nivel de inglés debido a la participación en el programa bilingüe de su centro de estudios. Estos resultados coinciden con varias investigaciones llevadas a cabo en la Comunidad de Madrid (Chaieberras, 2019; Shepherd y Ainsworth, 2017 y Woore, 2015;), en Castilla-La Mancha (Moya Guijarro y Ruiz Cordero, 2018; Nieto y Ruiz Cordero, 2018a, 2018b y Ruiz Cordero, 2021) y en otras comunidades monolingües como Andalucía (Hernández et al., 2018, Lancaster, 2016 y Madrid y Hughes, 2011) o las Islas Canarias (Louise Oxbrow, 2018). A su vez, esto hace que los alumnos sean conscientes de que, a mayor de nivel de idioma sus posibilidades de comunicarse con más personas aumentan y, en consecuencia, se amplían sus conocimientos culturales (Esparza y Belmonte, 2020).

Seguidamente podemos ver las figuras 15 y 16 en las que se reflejan los datos recogidos sobre la opinión del alumnado respecto al incremento de su nivel de inglés con el programa bilingüe. En las dos figuras apreciamos un alto número de estudiantes muy satisfechos en ambas comunidades. No obstante, si comparamos las medias, hay diferencias significativas entre las dos comunidades autónomas. Estas diferencias las comentaremos posteriormente, cuando comparemos lo resultados de las dos regiones, usando el test de la T-Student, en el siguiente capítulo del libro.

Figuras 15 y 16. *Respuestas ítem número 2*
en la Comunidad de Madrid y en Castilla-La Mancha.

Comunidad de Madrid

Castilla-La Mancha

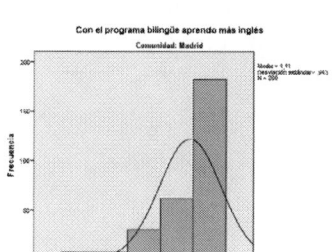
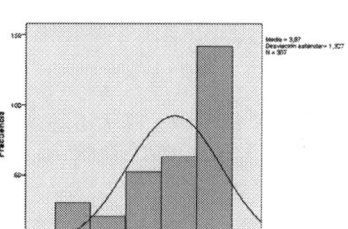

Fuente: Elaboración propia.

Observando las respuestas de la tercera pregunta sobre el grado de satisfacción de los estudiantes con este tipo de docencia en lengua inglesa, podemos afirmar que tanto en la Comunidad de Madrid (tabla 13 y figura 17) como en Castilla- La Mancha (tabla 14 y figura 18), más de dos tercios del alumnado se encuentra muy satisfecho.

Por un lado, este dato es evidente apreciando las buenas calificaciones obtenidas tanto en lengua inglesa como en la asignatura science impartida en inglés. Como hemos mostrado anteriormente, en la Comunidad de Madrid el número de alumnos que suspenden la asignatura de inglés en 5º y 6º curso asciende al 2,4% de los estudiantes. A su vez, en la asignatura de science, el número de suspensos no supera el 5,1% de los estudiantes. En la misma línea, en Castilla- La Mancha, el número de alumnos que suspenden la asignatura de inglés en 5º y 6º curso no supera el 6,7% del total. En la asignatura de science, aunque el número de suspensos es mayor, no supera el 11,5% de los estudiantes.

Por otro lado, este alto nivel de satisfacción en las dos comunidades refleja que los estudiantes se sienten motivados con el programa bilingüe como se ha puesto de manifiesto en otras investigaciones previas (Cabezas Cabello, 2010; Doiz et al. 2014; Geoghegan, 2018; Lancaster, 2016; Lasagabaster, 2011; Lorenzo et al. 2009; Pérez Vidal, 2013 y Ráez-Padilla, 2018).

En las figuras que aparecen a continuación (figuras 17 y 18) se aprecia que en la Comunidad de Madrid el número de estudiantes contentos con el programa bilingüe es mayor que en Castilla- La Mancha. De nuevo, al igual que en la pregunta anterior, las diferencias encontradas son estadísticamente significativas como explicaremos en detalle posteriormente.

Figuras 17 y 18. *Respuestas ítem número 3 en la Comunidad de Madrid y en Castilla-La Mancha.*

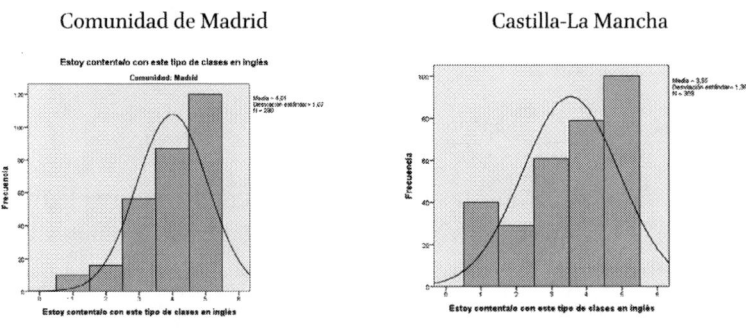

Comunidad de Madrid   Castilla-La Mancha

Fuente: Elaboración propia

En la siguiente pregunta, la número 4, hemos querido saber si los alumnos creen que sólo las asignaturas más fáciles deberían ser en inglés.

En la Comunidad de Madrid (tabla 13 y figura 19) el resultado medio nos indica que los encuestados no querrían que se impartieran solamente las asignaturas más fáciles en lengua inglesa. Así, sólo el 19% de los encuestados está de acuerdo con esta afirmación. Estos resultados indican que los estudiantes no encuentran dificultades en la asignatura de science y, como señalan Dale y Tanner (2012), están muy motivados por el atractivo de aprender contenido en una lengua extranjera y por el reto y satisfacción que ello supone.

En Castilla- La Mancha, sorprendentemente, como podemos ver en la tabla 14 y en la figura 20, aunque el resultado medio de esta pregunta es afirmativo y más de la mitad de los encuestados querría que se impartieran solamente las asignaturas más fáciles en lengua inglesa, hemos encontrado un gran número de respuestas totalmente en desacuerdo con esta afirmación. Esto indica que hay muchos alumnos a favor y muchos en contra de ello. Al ver este contraste hemos querido indagar en las calificaciones de los alumnos para poder comprobar si existe alguna relación entre bajas calificaciones (insuficiente, suficiente) y querer sólo asignaturas fáciles y, al mismo tiempo, mejores calificaciones (bien, notable y sobresaliente) y no importar el tipo de asignatura que se enseñe en inglés. Estas respuestas suelen ir en relación con el nivel de idioma de los estudiantes, sin embargo, en este estudio podemos confirmar que no se cumple. Así, de los 134 alumnos que han obtenido todo notable o sobresaliente, sólo 63 de ellos (un 47%) han contestado estar en desacuerdo y no importarles la asignatura que se imparta en otro idioma. En cuanto a los 42 estudiantes que han sacado todo insuficiente o suficiente, sólo 24 alumnos, lo correspondiente a un 57%, han contestado que las asignaturas en inglés deberían ser solamente las más fáciles[1].

Comparando los resultados obtenidos en ambas comunidades autónomas, es evidente que en la Comunidad de Madrid el alumnado deja de manifiesto que no quiere que se impartan sólo las asignaturas más fáciles en lengua inglesa. Al contrario, en Castilla- La Mancha, los estudiantes exponen que las asignaturas en inglés deberían ser sólo asignaturas fáciles como educación física y plástica. Estas diferencias son estadísticamente significativas, como vemos en las figuras 19 y 20, y como mostraremos en el siguiente capítulo.

---

1. El resto de los alumnos (176 restantes) no se ha tenido en cuenta en este cálculo ya que presentan notas variadas y no se pueden clasificar en estos dos grupos diferenciados.

Figuras 19 y 20. *Respuestas ítem número 4*
en la Comunidad de Madrid y en Castilla-La Mancha.

Comunidad de Madrid

Castilla-La Mancha

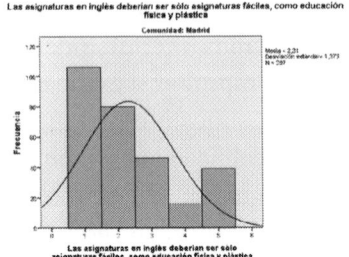

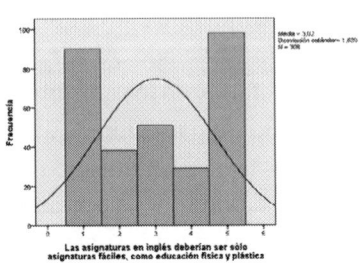

Fuente: Elaboración propia

Tras haber comentado los resultados de las preguntas 1-4, vamos a continuar presentando los ítems 5-10 junto con el correspondiente análisis estadístico de la Comunidad de Madrid, expuesto en la tabla 15, y el de Castilla- La Mancha, mostrado en la tabla 16.

Las preguntas realizadas han sido las siguientes:

5. Con el programa bilingüe aprendo menos contenido de historia y ciencias naturales que mis compañeros del programa no bilingüe.

6. En el programa bilingüe aprendo el contenido de historia y ciencias naturales al mismo nivel que mis compañeros del programa no bilingüe.

7. Mi nivel de inglés es suficiente para aprender el contenido de otras asignaturas como música, historia, naturales o plástica.

8. Voy a clases extraescolares o de refuerzo.

9. El programa bilingüe me exige un esfuerzo extra.

10. Estoy satisfecho con el programa bilingüe que se imparte en mi colegio.

Los resultados estadísticos obtenidos, al analizar las respuestas de estas preguntas, son los que presentamos a continuación. La tabla 15 recopila los relativos a la Comunidad de Madrid y la tabla 16 muestra los de Castilla- La Mancha.

Tabla 15. *Datos estadísticos obtenidos en la segunda parte de la encuesta realizada en la Comunidad de Madrid. Preguntas 5-10*

Comunidad			5. Con el programa bilingüe aprendo menos contenido de historia y ciencias naturales que mis compañeros del programa no bilingüe	6. En el programa bilingüe aprendo el contenido de historia y ciencias naturales al mismo nivel que mis compañeros del programa no bilingüe	7. Mi nivel de inglés es suficiente para aprender el contenido de otras asignaturas como música, historia, naturales o plástica	8. Voy a clases extraescolares o de refuerzo	9. El programa bilingüe me exige un esfuerzo extra	10. Estoy satisfecho con el programa bilingüe que se imparte en mi colegio
Madrid	N	Válido	281	277	284	285	287	289
		Perdidos	8	12	5	4	2	0
	Media		2,71	2,84	3,84	2,62	2,89	4,06
	Mediana		3,00	3,00	4,00	2,00	3,00	4,00
	Desviación estándar		1,381	1,253	1,093	1,779	1,351	1,165
	Asimetría		,209	,125	-,893	,379	,103	-1,155
	Error estándar de asimetría		,145	,146	,145	,144	,144	,143
	Curtosis		-1,154	-,889	,408	-1,685	-1,122	-1,155
	Error estándar de curtosis		,290	,292	,288	,288	,287	,289

Fuente: Elaboración propia

Tabla 16. *Datos estadísticos obtenidos en la segunda parte de la encuesta realizada en Castilla- La Mancha. Preguntas 5-10*

Comunidad			5.Con el programa bilingüe aprendo menos contenido de historia y ciencias naturales que mis compañeros del programa no bilingüe	6.En el programa bilingüe aprendo el contenido de historia y ciencias naturales al mismo nivel que mis compañeros del programa no bilingüe	7.Mi nivel de inglés es suficiente para aprender el contenido de otras asignaturas como música, historia, naturales o plástica	8.Voy a clases extraescolares o de refuerzo	9.El programa bilingüe me exige un esfuerzo extra	10. Estoy satisfecho con el programa bilingüe que se imparte en mi colegio
Castilla-La Mancha	N	Válido	230	222	297	303	304	308
		Perdidos	82	90	15	9	8	4
	Media		2,56	2,81	3,03	2,88	3,09	3,68
	Mediana		2,00	3,00	3,00	2,00	3,00	4,00
	Desviación estándar		1,473	1,370	1,402	1,863	1,451	1,443
	Asimetría		,451	,205	-,078	,123	-,085	-,773
	Error estándar de asimetría		,160	,163	,141	,140	,140	,139
	Curtosis		-1,126	-1,062	-1,201	-1,874	-1,305	-,785
	Error estándar de curtosis		,320	,325	,282	,279	,279	,277

Fuente: Elaboración propia

Respecto a las preguntas número 5 y 6, sobre la percepción que tiene el alumnado de la cantidad de contenido de historia y ciencias naturales que aprende en lengua extranjera, es importante comparar las figuras 21 y 22, relativas a la Comunidad de Madrid, y, a su vez, las figuras 23 y 24, en las que aparecen los resultados de Castilla- La Mancha.

Por un lado, en ambas comunidades se observa que más de la mitad del alumnado considera que aprende menos contenido de historia y ciencias naturales que sus compañeros que cursan enseñanzas no bilingües (figura 21 y figura 23). A esta misma conclusión llegó Hajer (2000) cuando comprobó la tendencia a simplificar los contenidos de las materias impartidas en otro idioma, ya que los alumnos encontraban mucha dificultad en ellas (Dalton-Puffer, 2007, p.4). Coincidiendo con esta opinión, hemos encontrado varios estudios en los que se demuestra un efecto negativo en los conocimientos impartidos en lengua inglesa dificultando la comprensión de los mismos (Alonso Somarriba, 2012; Carro et al., 2016, Fernández-Sanjurjo et al., 2017; Ruiz, 2016 y Sotoca y Muñoz, 2015). Este tema de la reducción de materia es una de las grandes preocupaciones de las familias cuando deciden que sus hijos se incorporen a la enseñanza bilingüe ya que no quieren que ello perjudique el aprendizaje de contenidos.

Por otro lado, sorprendentemente, tanto en la Comunidad de Madrid (figura 22) como en Castilla- La Mancha (figura 24), más del 60% de los estudiantes afirma que su nivel de ciencias e historia, respecto a sus compañeros del programa no bilingüe, es el mismo. Esta respuesta nos lleva a interpretar que, aunque perciben que los contenidos se simplifican, también son conscientes de que no tienen menos nivel académico. Esto se puede deber a que el contenido que se resume se compensa por la profundidad con la que se procesa la información con la metodología AICLE (Lorenzo, 2010; Met, 1998; Stohler, 2006) y a los aspectos culturales que se incluyen. A su vez, hoy en día existen muchos estudios que muestran resultados similares entre alumnos que estudian contenidos en lengua extranjera y los que lo hacen en su lengua materna (Admiraal at al.,2006; Bergroth y Palviainen, 2014; Grisaleña et al., 2009; Otwinowska, 2014; San Isidro, 2010; Seikkula-Lieno, 2007; Surmont, 2016; Van de Craen et al., 2007a;

Vollmer, 2008), opinión que coincide con la de los estudiantes madrileños y castellanomanchegos entrevistados, aunque son conscientes de que el contenido de las asignaturas, impartidas en lengua inglesa, se simplifica.

Tras analizar las respuestas de estas dos preguntas, referentes a la cantidad de contenido que se aprende al impartirse la asignatura en lengua inglesa y al nivel que se alcanza, podemos confirmar que en ambas comunidades la opinión de los estudiantes coincide. En esta misma línea hemos encontrado diversos estudios que descubren resultados inferiores en cuanto a la adquisición de contenidos dentro del programa bilingüe. Entre ellos podemos mencionar los de Dalton-Puffer (2007), Hajer (2000), Nyholm (2002), Washburn (1997) y más recientemente Fernández-Sanjurjo et al. (2017), Ruiz (2016) y Sotoca y Muñoz (2015). En todos ellos se deduce, al igual que han expuesto los alumnos madrileños (figuras 21 y 22) y castellanomanchegos (figuras 23 y 24), que el temario se simplifica, sacrificando elementos que posteriormente se pueden compensar como acabamos de mencionar. Por este motivo, los estudiantes de ambas comunidades notan que el temario sufre cierto retraso al principio, pero al final del curso comprueban, como han indicado al contestar la encuesta, que obtienen los mismos resultados que sus compañeros que siguen enseñanzas tradicionales.

Figuras 21 y 22. *Respuestas ítems número 5 y número 6 en la Comunidad de Madrid.*

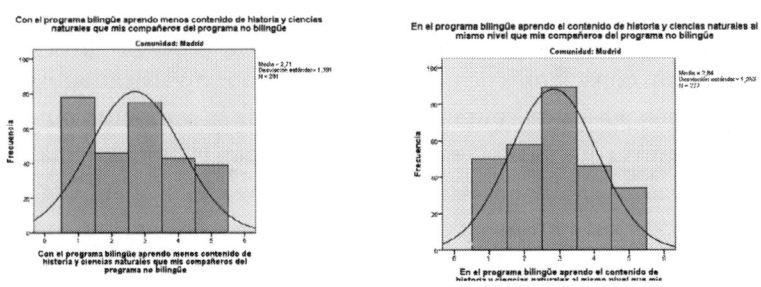

Fuente: Elaboración propia

Figuras 23 y 24. *Respuestas ítems número 5 y número 6 en Castilla- La Mancha*

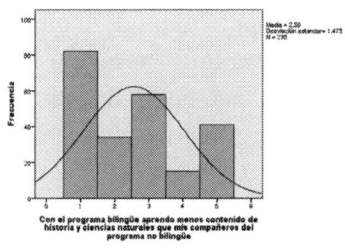
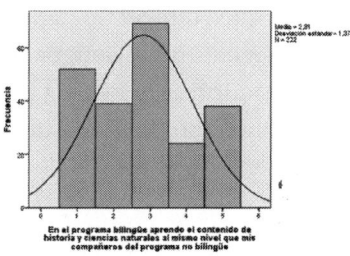

Fuente: Elaboración propia

Seguidamente, en la pregunta número 7 de la encuesta, hemos querido conocer si los estudiantes consideran que su nivel de inglés es suficiente como para aprender contenido de otras materias en esta lengua. La mayoría de ellos, tanto en la Comunidad de Madrid (figura 25) como en Castilla-La Mancha (figura 26), afirma tener el nivel apropiado para ello y conocer mucho vocabulario. Esto se puede deber al uso de la metodología AICLE, como han demostrado varias investigaciones (Cabezas Cabello, 2010; Chaieberras y Rascón-Moreno, 2018; Lancaster, 2016; Louise Oxbrow, 2018; Woore, 2015) que hace que se incremente la cantidad de vocabulario. A su vez, existen otros factores que ayudan a que el alumnado tenga un nivel apropiado para seguir enseñanzas bilingües. Según señala Ruiz Cordero (2022), una sólida base lingüística en lengua inglesa, adquirida por los estudiantes en la etapa de educación primaria, la permanencia del profesorado de inglés en la escuela de estudios primarios, junto con las metodologías activas y el tipo de actividades comunicativas de fomento de participación, que se llevan a cabo en las clases tradicionales de inglés, son factores que ayudan a que el alumnado se sienta preparado para aprender contenido de otras materias en inglés. Asimismo, como veremos en la siguiente pregunta, la asistencia a clases extraescolares o de refuerzo, en lengua inglesa, a las que asisten muchos estudiantes, es otro factor que ayuda a que los estudiantes sean conscientes de que dominan la lengua inglesa.

En cuanto a la diferencia encontrada entre la opinión de los estudiantes madrileños y los castellanomanchegos, como apreciamos en las figuras 25 y 26, en la Comunidad de Madrid hay un mayor número de alumnos que considera que su nivel de inglés es suficiente para aprender contenido de otras asignaturas en lengua inglesa. Si comparamos las medias calculadas, en Madrid asciende a 3,84 mientras que en Castilla-La Mancha es de 3,03. Esta diferencia es estadísticamente significativa como veremos en el siguiente capítulo del libro.

Figuras 25 y 26. *Respuestas ítem número 7 en la Comunidad de Madrid y en Castilla- La Mancha*

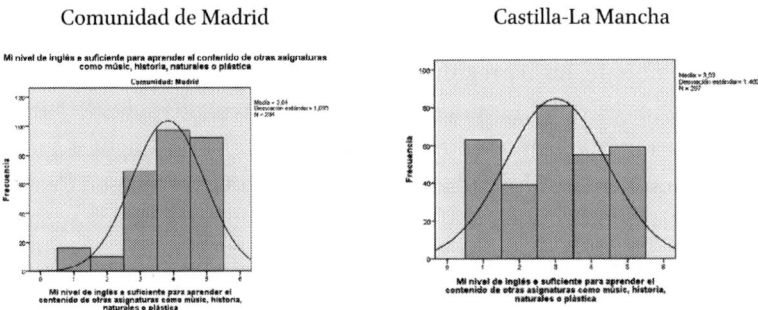

Fuente: Elaboración propia

En la pregunta que vamos a analizar a continuación, la número 8, hemos querido conocer el número de estudiantes que asiste a clases extraescolares o de refuerzo de inglés. Con los datos obtenidos en la encuesta comprobamos que, en la Comunidad de Madrid, acuden más de la mitad de los estudiantes, el 52,4% (figura 27). En Casilla- La Mancha, el porcentaje de alumnos que van a este tipo de clases es similar al de Madrid, ascendiendo al 57,6% (figura 28). En ambos casos es evidente que el número de estudiantes que decide realizar estas actividades es similar. A este respecto, Cirugeda y Campillo (2016) han detectado un incremento de alumnos que acuden a este tipo de actividades que no sólo refuerza la lengua extranjera, sino que además denota una mejora en la actitud de las familias. Esto se puede deber al carácter lúdico que tienen las tareas para el aprendizaje del inglés, en contextos extraescolares, que ayudan al desarrollo de habilidades lingüísticas en los niños involucrados en estas actividades. La experiencia pone de manifiesto que los alumnos que asisten a clases extraescolares de inglés desde la niñez, adquieren dicho idioma con mayor facilidad y les resulta más sencillo el aprendizaje (Romero Barea, 2010, p.7).

Es importante destacar que las actividades extraescolares son una herramienta muy utilizada en la población y se caracterizan por ser fundamental a la hora de aprender inglés. Además, hemos visto que la educación extraescolar en inglés desarrolla un aprendizaje de refuerzo y complementario de los aprendizajes que se adquieren dentro del horario lectivo, contribuyendo así a la adquisición de diferentes competencias básicas. De este modo, tenemos que señalar que la educación extraescolar en inglés permite a los alumnos integrar tanto aprendizajes formales como no formales. Además, se trata de una herramienta básica a la hora de aprender un idioma que ayuda directamente a los alumnos a superar la asignatura de inglés en los centros educativos.

Figuras 27 y 28. *Respuestas ítem número 8 en la Comunidad de Madrid y en Castilla- La Mancha*

Comunidad de Madrid   Castilla-La Mancha

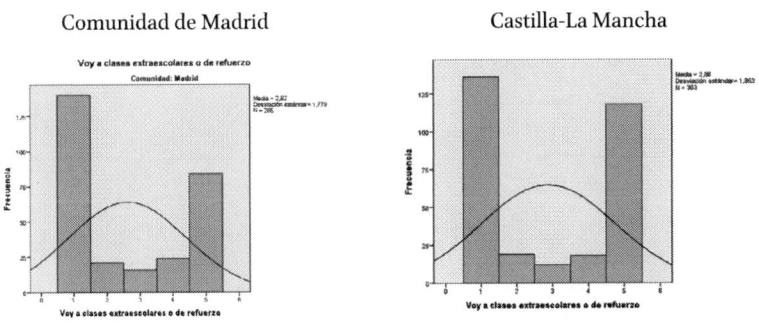

Fuente: Elaboración propia

Para finalizar el cuestionario, con las preguntas 9 y 10 queríamos saber si los alumnos de la Comunidad de Madrid y de Castilla-La Mancha consideran que el programa bilingüe les exige un esfuerzo extra y si, a su vez, están satisfechos con este tipo de programa que se imparte en sus colegios.

Con relación al esfuerzo extra que les demanda el programa bilingüe, pregunta número 9, los resultados recogidos en la Comunidad de Madrid (figura 29) nos indican que más de la mitad de los alumnos, el 57,8%, está de acuerdo con esta afirmación y considera que se tiene que esforzar más que los alumnos que siguen enseñanzas no bilingües. En la Castilla-La Mancha (figura 30) hemos encontrado un porcentaje similar que alcanza el 61,8%.

Sobre este tema hay varias investigaciones que apoyan estos datos mostrando que, el hecho de integrar contenido y adquisición de lengua extranjera requiere que el alumnado haga un doble esfuerzo cognitivo, teniendo que estar más activo durante el proceso de aprendizaje (Berger, 2016; Bialystok 2004, 2005; Halbach, 2009; Nieto, 2016; Van de Craen et al. 2007b,). A su vez, existen estudios que indican que los alumnos a los que no les gusta este tipo de docencia bilingüe son los que encuentran más dificultades para seguir las clases y, por ello, reconocen que tienen que realizar un esfuerzo extra (Pladevall-Ballester, 2015).

Figuras 29 y 30. *Respuestas ítem número 9 en la Comunidad de Madrid y en Castilla-La Mancha*

Comunidad de Madrid   Castilla-La Mancha

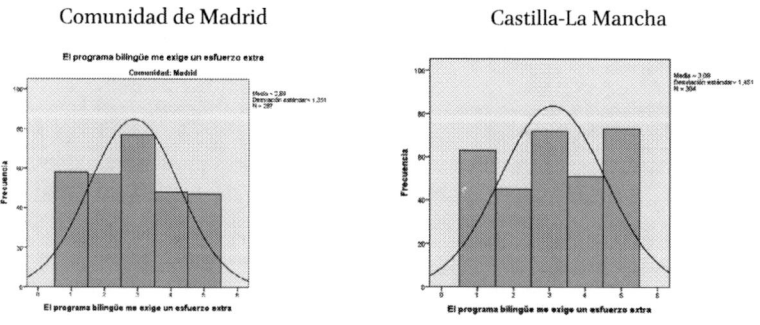

Fuente: Elaboración propia

En la pregunta 10, cuyas respuestas presentamos a continuación, queríamos saber si el alumnado está satisfecho con la docencia bilingüe que se imparte en sus colegios. Como apreciamos en la figura 31 (con los resultados de la Comunidad de Madrid) y en la figura 32 (con los resultados de Castilla-La Mancha), en ambas comunidades la mayoría de los estudiantes se siente satisfecho con el programa bilingüe que se lleva a cabo en su centro de estudios. En concreto, en la Comunidad de Madrid, el porcentaje de alumnos que manifiesta satisfacción con este tipo de docencia alcanza el 81,2%. En Castilla-La Mancha, el porcentaje también es elevado, llegando al 73,6%. Este alto nivel de satisfacción en las dos regiones se puede deber a varios factores. En primer lugar, a la opinión positiva que tienen de sus profesores de inglés, de science y de sus auxiliares de conversación que los motivan constantemente (Chaieberras y Rascón-Moreno, 2018 y Lorenzo et al. 2009) con nuevas herramientas pedagógicas que garantizan que el alumnado tenga mejores experiencias de aprendizaje, capaces de generar una mayor competencia lingüística (Custodio Espinar, 2019, p.42). En segundo lugar, a que el alumnado se siente más seguro de sí mismo, con más confianza y motivación a la hora de hablar inglés (Lancaster, 2016) y, en tercer lugar, a que los alumnos son conscientes de que pueden comunicarse sin dificultad en lengua inglesa y ello se debe al programa de estudios que han seguido.

Figuras 31 y 32. *Respuestas ítem número 10 en la Comunidad de Madrid y en Castilla- La Mancha.*

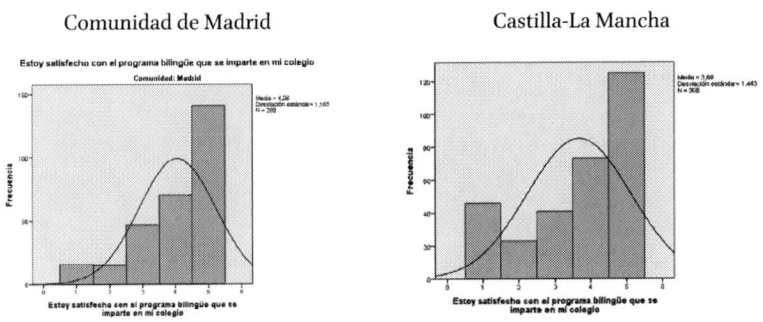

Fuente: Elaboración propia

Como acabamos de analizar, y como apreciamos en las figuras 31 y 32, el nivel de satisfacción encontrado es alto en ambas comunidades autónomas. Sin embargo, encontramos diferencias estadísticamente significativas ya que en la Comunidad de Madrid la media obtenida es mayor que en Castilla-La Mancha. En el siguiente capítulo analizaremos estas diferencias detalladamente.

6. Comparación de resultados obtenidos en la Comunidad de Madrid y en Castilla-La Mancha

6.1 ANÁLISIS COMPARATIVO DE LA PRIMERA PARTE DE LA ENCUESTA

Tras haber analizado las respuestas obtenidas en la encuesta, por el alumnado madrileño y castellanomanchego, a continuación vamos a mostrar la comparativa que hemos realizado para conocer si hay diferencias estadísticamente significativas en ambas comunidades autónomas.

Para las variables cualitativas, recogidas en la primera parte de la encuesta (sexo del alumnado, curso, años cursando el programa bilingüe y notas alcanzadas en inglés y en science en el curso académico anterior y actual), hemos realizado tablas cruzadas y el test de chi cuadrado.

En primer lugar, para demostrar si hay diferencias respecto al sexo del alumnado, hemos realizado una tabla cruzada (tabla 17) y la prueba de chi-cuadrado (tabla 18). Como podemos apreciar en la tabla 18, el test de chi cuadrado tiene como hipótesis nula la independencia o la homogeneidad, es decir, no existe relación entre las variables estudiadas y por lo tanto el comportamiento es el mismo en ambas comunidades autónomas. Tomamos como referencia el nivel de significación 0,05 (5%). La hipótesis alternativa es que sí que existe dependencia o heterogeneidad, es decir el comportamiento es distinto en ambas comunidades autónomas. A su vez, el p-valor es 0,179 > 0,05 por lo que se acepta la hipótesis nula, es decir, no hay diferencias significativas entre ambas comunidades autónomas.

Tabla 17. *Tabla cruzada con los datos estadísticos sobre el sexo del alumnado en la Comunidad de Madrid y en Castilla-La Mancha.*

			Comunidad		Total
			Castilla-La Mancha	Madrid	
Sexo del alumno	Femenino	Recuento	147	152	299
		% dentro de Comunidad	47,1%	52,6%	49,8%
	Masculino	Recuento	165	137	302
		% dentro de Comunidad	52,9%	47,4%	50,2%
Total		Recuento	312	289	601
		% dentro de Comunidad	100,0%	100,0%	100,0%

Fuente: elaboración propia

Tabla 18. *Prueba de chi-cuadrado con los datos sobre el sexo del alumnado en la Comunidad de Madrid y en Castilla-La Mancha.*

	Valor	df	Significación asintótica (bilateral)	Significación exacta (bilateral)	Significación exacta (unilateral)
Chi-cuadrado de Pearson	1,802a	1	,179		
Corrección de continuidad[b]	1,590	1	,207		
Razón de verosimilitud	1,803	1	,179		
Prueba exacta de Fisher				,192	,104
N de casos válidos	601				

a. o casillas (0,0%) han esperado un recuento menor que 5. El recuento mínimo esperado es 143,78.
b. Sólo se ha calculado para una tabla 2x2

En segundo lugar, en cuanto al curso académico en el que se encuentran los alumnos, presentamos la tabla cruzada (tabla 19) y el test de chi cuadrado (tabla 20) donde se recoge el número de alumnos que cursan estudios en 5° y en 6° curso en cada comunidad. Como se aprecia en la tabla 20, el test de chi cuadrado tiene como hipótesis nula la independencia o la homogeneidad, es decir, no existe relación entre las variables estudiadas y por lo tanto el comportamiento es el mismo en ambas comunidades autónomas. Tomamos como referencia el nivel de significación 0,05 (5%). La hipótesis alternativa es que sí que existe dependencia o heterogeneidad, es decir, el comportamiento es distinto en ambas comunidades autónomas. El p-valor es 0,904 > 0,05 por lo que se acepta la hipótesis nula y esto nos indica que no hay diferencias significativas entre ambas comunidades autónomas ya que el número de alumnos que han realizado este estudio es similar tanto en 5° como en 6° curso.

Tabla 19. *Tabla cruzada con los datos estadísticos sobre el curso en el que se encuentra el alumnado en la Comunidad de Madrid y en Castilla-La Mancha.*

			Comunidad		Total
			Castilla-La Mancha	Madrid	
Curso académico	5	Recuento	155	145	300
		% dentro de Comunidad	49,7%	50,2%	49,9%
	6	Recuento	157	144	301
		% dentro de Comunidad	50,3%	49,8%	50,1%

	Recuento	312	289	601
Total	% dentro de Comunidad	100,0%	100,0%	100,0%

Fuente: elaboración propia

Tabla 20. *Prueba de chi-cuadrado con los datos sobre el curso académico en el que se encuentre el alumnado en la Comunidad de Madrid y en Castilla-La Mancha.*

	Valor	df	Significación asintótica (bilateral)	Significación exacta (bilateral)	Significación exacta (unilateral)
Chi-cuadrado de Pearson	,015a	1	,904		
Corrección de continuidad[b]	,002	1	,969		
Razón de verosimilitud	,015	1	,904		
Prueba exacta de Fisher				,935	,484
N de casos válidos	601				
a. 0 casillas (0,0%) han esperado un recuento menor que 5. El recuento mínimo esperado es 144,26.					
b. Sólo se ha calculado para una tabla 2x2					

Fuente: elaboración propia.

En tercer lugar, vamos a comparar los años que los alumnos llevan cursando el programa bilingüe en cada comunidad. La tabla cruzada y el test de chi cuadrado (tablas 21 y 22) muestran que hay diferencias significativas.

El test de chi cuadrado (tabla 22) tiene como hipótesis nula la independencia o la homogeneidad, es decir, no existe relación entre las variables estudiadas y por lo tanto el comportamiento es el mismo en ambas comunidades autónomas. Tomamos como referencia el nivel de significación 0,05 (5%). La hipótesis alternativa es que sí que existe dependencia o heterogeneidad, es decir, el comportamiento es distinto en ambas comunidades autónomas.

El p-valor es 0,000 (en realidad se dice que es menor de 0,001) < 0,05 por lo que se rechaza la hipótesis nula. Por ello, podemos confirmar que hay diferencias entre ambas comunidades autónomas. Como se observa en la tabla 21, en Madrid hay un 96,2% de alumnos que están en el programa desde primero mientras que en Castilla-La Mancha sólo son un 66%.

Tabla 21. *Tabla cruzada con los datos estadísticos sobre los años que los alumnos llevan cursando el programa bilingüe en la Comunidad de Madrid y en Castilla-La Mancha.*

| | | | Comunidad | | Total |
			Castilla-La Mancha	Madrid	
¿Cuántos años llevas cursando el programa bilingüe?	Desde Primero	Recuento	206	278	484
		% dentro de Comunidad	66,0%	96,2%	80,5%
	Me incorporé después	Recuento	106	11	117
		% dentro de Comunidad	34,0%	3,8%	19,5%
Total		Recuento	312	289	601
		% dentro de Comunidad	100,0%	100,0%	100,0%

Fuente: elaboración propia.

Tabla 22. *Prueba de chi-cuadrado con los datos sobre los años que los alumnos llevan cursando el programa bilingüe en la Comunidad de Madrid y en Castilla-La Mancha.*

	Valor	df	Significación asintótica (bilateral)	Significación exacta (bilateral)	Significación exacta (unilateral)
Chi-cuadrado de Pearson	87,095a	1	,000		
Corrección de continuidadᵇ	85,181	1	,000		
Razón de verosimilitud	99,121	1	,000		
Prueba exacta de Fisher				,000	,000
N de casos válidos	601				
a. 0 casillas (0,0%) han esperado un recuento menor que 5. El recuento mínimo esperado es 56,26.					
b. Sólo se ha calculado para una tabla 2x2					

Fuente: elaboración propia.

En cuarto lugar, vamos a mostrar la comparación de las calificaciones obtenidas en la asignatura de inglés, en el curso pasado, en las dos comunidades autónomas (tablas 23 y 24), para poder dejar constancia de la diferencia que existe entre ambas comunidades.

Como podemos ver en la tabla 24, el test de chi cuadrado tiene como hipótesis nula la independencia o la homogeneidad, es decir no existe relación entre las variables estudiadas y por lo tanto el comportamiento es el mismo en ambas comunidades autónomas. Tomamos como referencia el nivel de significación 0,05 (5%). La hipótesis alternativa es que sí que existe dependencia o heterogeneidad, es decir el comportamiento es distinto en ambas comunidades autónomas.

El p-valor es 0,001 < 0,05 por lo que se rechaza la hipótesis nula. Con estos datos, como hemos analizado en el apartado anterior, podemos confirmar que sí hay diferencias estadísticamente significativas entre ambas comunidades autónomas.

Tabla 23 *Tabla cruzada con los datos estadísticos sobre las calificaciones en inglés del curso pasado en la Comunidad de Madrid y en Castilla-La Mancha.*

			Comunidad		Total
			Castilla-La Mancha	Madrid	
Calificación de la asignatura de inglés curso pasado	Insuficiente	Recuento	17	0	17
		% dentro de Comunidad	5,5%	0,0%	2,8%
	Suficiente	Recuento	35	28	63
		% dentro de Comunidad	11,4%	9,7%	10,6%
	Bien	Recuento	42	35	77
		% dentro de Comunidad	13,6%	12,1%	12,9%
	Notable	Recuento	126	144	270
		% dentro de Comunidad	40,9%	49,8%	45,2%
	Sobresaliente	Recuento	88	82	170
		% dentro de Comunidad	28,6%	28,4%	28,5%
Total		Recuento	308	289	597
		% dentro de Comunidad	100,0%	100,0%	100,0%

Fuente: elaboración propia.

Tabla 24. *Prueba de chi-cuadrado con los datos sobre las calificaciones en inglés del curso pasado en la Comunidad de Madrid y en Castilla-La Mancha.*

	Valor	df	Significación asintótica (bilateral)
Chi-cuadrado de Pearson	19,241a	4	,001
Razón de verosimilitud	25,792	4	,000
N de casos válidos	597		
a. 0 casillas (0,0%) han esperado un recuento menor que 5. El recuento mínimo esperado es 8,23.			

Fuente: elaboración propia.

Seguidamente, en quinto lugar, vamos a comparar las calificaciones que los alumnos han conseguido en la asignatura de inglés, en el presente curso académico, tanto en Castilla-La Mancha como en la Comunidad de Madrid.

Como podemos observar, en la tabla 25 aparecen los datos estadísticos de las notas obtenidas por los alumnos y es visible que el número de alumnos suspensos, y con calificación notable y sobresaliente, varía mucho de una comunidad a otra. Para comprobar si existe diferencia significativa entre ambas comunidades podemos ver la tabla 26 con los resultados de la prueba chi cuadrado. El test de chi cuadrado tiene como hipótesis nula la independencia o la homogeneidad, es decir, no existe relación entre las variables estudiadas y, por lo tanto, el comportamiento es el mismo en ambas comunidades autónomas. Tomamos como referencia el nivel de significación 0,05 (5%). La hipótesis alternativa es que sí que existe dependencia o heterogeneidad, es decir, el comportamiento es distinto en ambas comunidades autónomas. Como podemos apreciar en la tabla 26, el p-valor es 0,000 (menor de 0,001) < 0,05 por lo que se rechaza la hipótesis nula y por ello podemos confirmar que sí hay diferencias entre ambas comunidades autónomas.

Tabla 25. *Tabla cruzada con los datos estadísticos sobre las calificaciones en inglés del curso actual en la Comunidad de Madrid y en Castilla-La Mancha.*

			Comunidad		Total
			Castilla-La Mancha	Madrid	
Califica-ción de la asignatura de inglés de este curso	Insuficiente	Recuento	23	7	30
		% dentro de Comunidad	7,4%	2,4%	5,0%
	Suficiente	Recuento	40	35	75
		% dentro de Comunidad	12,8%	12,1%	12,5%
	Bien	Recuento	49	60	109
		% dentro de Comunidad	15,7%	20,8%	18,1%
	Notable	Recuento	119	146	265
		% dentro de Comunidad	38,1%	50,5%	44,1%
	Sobresa-liente	Recuento	81	41	122
		% dentro de Comunidad	26,0%	14,2%	20,3%
Total		Recuento	312	289	601
		% dentro de Comunidad	100,0%	100,0%	100,0%

Fuente: elaboración propia.

Tabla 26. *Prueba de chi-cuadrado con los datos sobre las calificaciones en inglés del curso actual en la Comunidad de Madrid y en Castilla-La Mancha.*

Pruebas de chi-cuadrado			
	Valor	df	Significación asintótica (bilateral)
Chi-cuadrado de Pearson	24,999a	4	,000
Razón de verosimilitud	25,674	4	,000
N de casos válidos	601		
a. 0 casillas (0,0%) han esperado un recuento menor que 5. El recuento mínimo esperado es 14,43.			

Fuente: elaboración propia.

A continuación, en sexto lugar, vamos a continuar comparando las calificaciones del curso pasado de la asignatura de science tanto en Castilla-La Mancha como en la Comunidad de Madrid.

Como podemos comprobar en la tabla 27, en la que se muestran los datos estadísticos, apreciamos resultados diferentes, sobre todo en el número de alumnos suspensos y con calificación notable y sobresaliente. A su vez, el test de chi cuadrado (tabla 28) tiene como hipótesis nula la independencia o la homogeneidad, es decir, no existe relación entre las variables estudiadas y por lo tanto el comportamiento es el mismo en ambas comunidades autónomas. Al igual que en el análisis de los apartados anteriores, tomamos como referencia el nivel de significación 0,05 (5%). La hipótesis alternativa es que sí que existe dependencia o heterogeneidad, es decir, el comportamiento es distinto en ambas comunidades. En la tabla 28 apreciamos que el p-valor es 0,000 (menor de 0,001) < 0,05 por lo que se rechaza la hipótesis nula y podemos afirmar que sí hay diferencias entre ambas comunidades autónomas.

Tabla 27. *Tabla cruzada con los datos estadísticos sobre las calificaciones en la asignatura de science del curso pasado en la Comunidad de Madrid y en Castilla-La Mancha.*

Tabla cruzada					
			Comunidad		Total
			Castilla-La Mancha	Madrid	
Asignatura science del curso pasado	Insuficiente	Recuento	29	7	36
		% dentro de Comunidad	9,3%	2,4%	6,0%
	Suficiente	Recuento	37	27	64
		% dentro de Comunidad	11,9%	9,3%	10,6%
	Bien	Recuento	57	34	91
		% dentro de Comunidad	18,3%	11,8%	15,1%
	Notable	Recuento	102	124	226
		% dentro de Comunidad	32,7%	42,9%	37,6%
	Sobresaliente	Recuento	87	97	184
		% dentro de Comunidad	27,9%	33,6%	30,6%
Total		Recuento	312	289	601
		% dentro de Comunidad	100,0%	100,0%	100,0%

Fuente: elaboración propia.

Tabla 28. *Prueba de chi-cuadrado con los datos sobre las calificaciones en la asignatura de science del curso pasado en la Comunidad de Madrid y en Castilla-La Mancha.*

Pruebas de chi-cuadrado			
	Valor	df	Significación asintótica (bilateral)
Chi-cuadrado de Pearson	22,658a	4	,000
Razón de verosimilitud	23,693	4	,000
N de casos válidos	601		
a. 0 casillas (0,0%) han esperado un recuento menor que 5. El recuento mínimo esperado es 17,31.			

Fuente: elaboración propia.

En séptimo lugar vamos a mostrar las diferencias halladas en las calificaciones de la asignatura de science, en el presente curso académico, en las dos comunidades autónomas.

Observando la tabla 29, podemos comprobar que hay una gran diferencia entre el número de aprobados y suspensos en ambas comunidades. A su vez, el número de calificaciones "bien" y "notable" también varía de una comunidad a otra. Para conocer si estos datos son significativos podemos ver la tabla 30 en la que aparecen los resultados del test de chi cudadrado. El test de chi cuadrado tiene como hipótesis nula la independencia o la homogeneidad, es decir no existe relación entre las variables estudiadas y, por lo tanto, el comportamiento es el mismo en ambas comunidades autónomas. Tomamos como referencia el nivel de significación 0,05 (5%). La hipótesis alternativa es que sí que existe dependencia o heterogeneidad, es decir, el comportamiento es distinto en ambas comunidades autónomas. Como el p-valor es 0,000 (menor de 0,001) < 0,05 se rechaza la hipótesis nula. Por este motivo, podemos confirmar que hay diferencias significativas entre los resultados de Castilla-La Mancha y de la Comunidad de Madrid.

Tabla 29. *Tabla cruzada con los datos estadísticos sobre las calificaciones en la asignatura de science del presente curso en la Comunidad de Madrid y en Castilla-La Mancha.*

Tabla cruzada					
			Comunidad		Total
			Castilla La Mancha	Madrid	
Science de este curso	Insuficiente	Recuento	33	8	41
		% dentro de Comunidad	10,6%	2,8%	6,8%
	Suficiente	Recuento	43	33	76
		% dentro de Comunidad	13,8%	11,4%	12,7%
	Bien	Recuento	63	41	104
		% dentro de Comunidad	20,3%	14,2%	17,3%
	Notable	Recuento	108	116	224
		% dentro de Comunidad	34,7%	40,1%	37,3%
	Sobresaliente	Recuento	64	91	155
		% dentro de Comunidad	20,6%	31,5%	25,8%
Total		Recuento	311	289	600
		% dentro de Comunidad	100,0%	100,0%	100,0%

Fuente: elaboración propia.

Tabla 30. *Prueba de chi-cuadrado con los datos sobre las calificaciones en la asignatura de science del presente curso en la Comunidad de Madrid y en Castilla-La Mancha.*

Pruebas de chi-cuadrado			
	Valor	df	Significación asintótica (bilateral)
Chi-cuadrado de Pearson	25,430a	4	,000
Razón de verosimilitud	26,581	4	,000
N de casos válidos	600		
a. 0 casillas (0,0%) han esperado un recuento menor que 5. El recuento mínimo esperado es 19,75.			

Fuente: elaboración propia.

6.2 ANÁLISIS COMPARATIVO DE LA SEGUNDA PARTE DE LA ENCUESTA

En este apartado vamos a comparar los resultados obtenidos en la segunda parte de la encuesta, en ambas comunidades autónomas, para conocer si la opinión y el grado de satisfacción con el programa bilingüe de los alumnos madrileños y castellanomanchegos es igual o diferente.

Para poder exponer la comparación entre ambas comunidades hemos elaborado el test de la T-Student (tabla 31). Para realizarlo, primero se hace otro test que el test F de Levene, también expuesto en la tabla 31, con la finalidad de verificar si las varianzas de los grupos, en este caso comunidades autónomas, son iguales o no. La hipótesis nula es que existe igualdad y la alternativa que no existe. El test de la T-Student tiene como hipótesis nula la igualdad de medias, es decir, las medias de ambas comunidades autónomas son iguales y eso nos indica que no hay diferencias entre ambas comunidades. La hipótesis alternativa es que existe diferencias de medias y por ello sí que hay diferencias entre ambas comunidades.

Para conocer en qué preguntas hemos encontrado diferencias significativas entre Castilla-La Mancha y la Comunidad de Madrid, tenemos que fijarnos en los casos en los que el p-valor (Sig Bilateral) es menor de 0,05 (tabla 31). En esos casos se puede decir que existen diferencias significativas. En el resto las diferencias no lo son.

Tabla 31. *Test de la T-Student comparando los resultados obtenidos en Castilla-La Mancha y en la Comunidad de Madrid en la segunda parte de la encuesta*

		Prueba de Levene de igualdad de varianzas				95% de intervalo de confianza de la diferencia	
		F	Sig.	Sig. (bilateral)	Existen diferencias significativas	Inferior	Superior
Me gustaría que impartieran más asignaturas en lengua inglesa	Se asumen varianzas iguales	2,679	,102	,997	NO	-,194	,193
Estoy contenta/o con este tipo de clases en inglés	No se asumen varianzas iguales	36,759	,000	,000	SÍ	,260	,653

Las asignaturas en inglés deberían ser sólo asignaturas fáciles, como educación física y plástica	No se asumen varianzas iguales	24,890	,000	,000	SÍ	-,956	-,469
Con el programa bilingüe aprendo más inglés	No se asumen varianzas iguales	41,007	,000	,000	SÍ	,352	,721
Con el programa bilingüe aprendo menos contenido de historia y ciencias naturales que mis compañeros del programa no bilingüe	Se asumen varianzas iguales	2,251	,134	,234	NO	-,098	,399
En el programa bilingüe aprendo el contenido de historia y ciencias naturales al mismo nivel que mis compañeros del programa no bilingüe	Se asumen varianzas iguales	2,792	,095	,767	NO	-,196	,266

Mi nivel de inglés es suficiente para aprender el contenido de otras asignaturas como música, historia, naturales o plástica	No se asumen varianzas iguales	21,328	,000	,000	SÍ	,610	1,019
Voy a clases extraescolares o de refuerzo	No se asumen varianzas iguales	6,937	,009	,084	NO	-,555	,035
El programa bilingüe me exige un esfuerzo extra	Se asumen varianzas iguales	2,918	,088	,094	NO	-,420	,033
Estoy satisfecho con el programa bilingüe que se imparte en mi colegio	No se asumen varianzas iguales	26,209	,000	,000	SÍ	,170	,590

A continuación, presentamos la tabla 32 en la que hemos seleccionado las preguntas de la tabla 31 donde el p-valor (Sig Bilateral) es menor de 0,05. De este modo vamos a centrarnos en las cuestiones que diferencian a los alumnos madrileños de los castellanomanchegos.

Tabla 32. *Test de la T-Student donde el p-valor (Sig Bilateral) es menor de 0,05.*

Estoy contenta/o con este tipo de clases en inglés	No se asumen varianzas iguales	36,759	,000	,000

Las asignaturas en inglés deberían ser sólo asignaturas fáciles, como educación física y plástica	No se asumen varianzas iguales	24,890	,000	,000
Con el programa bilingüe aprendo más inglés	No se asumen varianzas iguales	41,007	,000	,000
Mi nivel de inglés es suficiente para aprender el contenido de otras asignaturas como música, historia, naturales o plástica	No se asumen varianzas iguales	21,328	,000	,000
Estoy satisfecho con el programa bilingüe que se imparte en mi colegio	No se asumen varianzas iguales	26,209	,000	,000

Fuente: elaboración propia.

En cuanto al grado de satisfacción que presentan sobre las clases que reciben en lengua inglesa, en la Comunidad de Madrid demuestran estar más satisfechos que en Castilla-La Mancha, aunque ya ha quedado constancia previamente de que en ambas comunidades las respuestas de los alumnos en la encuesta indican que están contentos con este tipo de docencia. Esta diferencia puede deberse a la mayor trayectoria bilingüe que presentan los alumnos madrileños frente a los castellanomanchegos.

Sobre si las asignaturas en inglés deberían ser sólo las que ellos consideran más fáciles como educación física o plástica, queda patente una diferencia notable entre ambas comunidades. En la Comunidad de Madrid, como hemos expuesto en el apartado 3 de análisis de resultados, sólo el 19% de los estudiantes está de acuerdo con esta afirmación. Sin embargo, en Castilla-La Mancha, es la mitad del alumnado la que cree que sólo las asignaturas más fáciles tendrían que impartirse en lengua inglesa. Estos datos revelan que el alumnado madrileño no encuentra inconveniente en estudiar cualquier contenido en otro idioma; probablemente porque se siente muy preparado a nivel lingüístico y, a su vez, más motivado para afrontar cualquier tipo de docencia en inglés a diferencia del estudiante castellanomanchego.

En la tercera diferencia significativa, referente a la cantidad de lengua inglesa que los alumnos aprenden con el programa bilingüe, es destacable que, aunque en ambas comunidades hay un gran número de alumnos que está de acuerdo con esta afirmación, de nuevo la media de las respuestas calculada en la Comunidad de Madrid es superior a la de Castilla-La Mancha. A este respecto hay que tener presente que en la Comunidad de Madrid todos los centros educativos bilingües cuentan con auxiliares de conversación, a diferencia de los centros castellanomanchegos, y los estudiantes madrileños pueden sentir que la comunicación con ellos va mejorando progresiva y satisfactoriamente a lo largo de su trayectoria de estudios en el centro bilingüe. Además, en ambas comunidades autónomas se realizan pruebas externas que miden el nivel de lengua inglesa de los estudiantes y, por ello, los alumnos comprueban que su nivel de inglés mejora y son conscientes de que el programa bilingüe les ayuda a conseguirlo.

Relativo a la siguiente diferencia significativa, sobre si el nivel de inglés de los alumnos es suficiente para aprender el contenido de otras asignaturas como música, historia, naturales o plástica, la mayoría de los estudiantes de ambas comunidades considera que tiene el nivel apropiado para cursar diferentes asignaturas en lengua inglesa. Sin embargo, como en las cuestiones anteriores, la media de alumnos de la Comunidad de Madrid alcanza 3,8 puntos y supera a la media de alumnos castellanomanchegos que llega a 3 puntos sobre 5. En este sentido es importante destacar que en las dos comunidades autónomas la mayoría de los alumnos siente que su nivel de inglés es bueno, que en general conocen mucho vocabulario, que saben desenvolverse en situaciones y contextos variados y que, por ello, no ven inconveniente a la hora de enfrentarse al contenido de otras asignaturas.

La última diferencia que hemos encontrado significativa es acerca del nivel de satisfacción que tienen los alumnos con el programa bilingüe que se imparte en su centro de enseñanza. Como hemos comentado en la parte del análisis, es destacable que el grado de satisfacción es alto en las dos comunidades autónomas, alcanzando el 81,2% en la Comunidad de Madrid y el 73,6% en Castilla-La Mancha. Como apreciamos, es más alto en la Comunidad de Madrid y ello puede deberse a la mayor trayectoria de educación bilingüe que tienen en esa comunidad. A su vez, tenemos que mencionar otros factores que hacen que los alumnos se sientan satisfechos con este programa de estudios. Entre ellos debemos destacar la figura del auxiliar de conversación, que anima a los estudiantes a comunicarse con una persona nativa, el uso de las nuevas tecnologías en el aula de idiomas, la metodología activa y comunicativa que se utiliza en el aula de inglés y el nivel de idioma de los docentes, que están obligados a tener un C1 del Marco Común Europeo de Referencia de las Lenguas (MCERL) en la Comunidad de Madrid, y un B2 del MCERL en Castilla-La Mancha. Todos estos factores, junto con el hecho de que los alumnos sienten que aprenden y se pueden comunicar en una lengua extranjera, son determinantes a la hora de valorar el programa bilingüe de un centro.

7. Conclusiones

Al comienzo de este trabajo de investigación nos propusimos conocer la opinión de los estudiantes de la Comunidad de Madrid y de Castilla-La Mancha sobre la educación bilingüe que están cursando en sus centros educativos a través de la metodología AICLE. Una vez expuesta la información sobre la metodología usada en la docencia bilingüe, y tras haber mostrado el análisis de las respuestas obtenidas en las encuestas realizadas por los alumnos de 5º y 6º curso de educación primaria, son varias las conclusiones que se han alcanzado.

En primer lugar, tenemos que señalar que en las dos comunidades autónomas tanto el número de participantes, como el sexo y el curso académico en el que se encuentran es similar.

En cuanto al año de inicio de los programas bilingües, es destacable que en la Comunidad de Madrid el 96,2% comenzó estos estudios en primer curso mientras que en Castilla-La Mancha fueron el 66% de los estudiantes los que empezaron esta docencia en el primer curso. Estos datos nos indican que en la Comunidad de Madrid los estudiantes tienen más experiencia en este tipo de estudios que en Castilla-La Mancha.

En segundo lugar, hay que hacer referencia a las calificaciones de los estudiantes, tanto en lengua inglesa como en la asignatura de science. Como hemos comprobado en el análisis de los resultados, en ambas comunidades autónomas las calificaciones son buenas, pero empeoran conforme el alumnado sube de nivel. Esto apoya las conclusiones de Valdés et al. (2006), que indican que, a medida que los alumnos alcanzan grados más altos, aumenta la dificultad de los contenidos explicados en el segundo idioma y es importante un mayor dominio de las habilidades necesarias para obtener buenos resultados. Al mismo tiempo, es destacable que hay diferencias significativas entre ambas comunidades autónomas.

En tercer lugar, comprobamos que a más de la mitad del alumnado, tanto en la Comunidad de Madrid como en Castilla-La Mancha, no le gustaría que se impartieran más asignaturas en lengua inglesa ya que consideran que su nivel de inglés es suficiente para seguir las clases de música, ciencias o educación física en esa lengua sin grandes dificultades. Probablemente, porque más del 50% de los encuestados asiste a clases particulares o de refuerzo en lengua inglesa, en ambas comunidades autónomas, y esto les es de gran ayuda a la hora de afrontar sus clases en inglés.

En cuarto lugar, hemos apreciado que la mayoría de los estudiantes, tanto madrileños como castellanomanchegos, considera que se está incrementando su nivel de inglés debido a la participación en el programa bilingüe de su centro de estudios, dato que coincide con varias investigaciones previas (Lancaster, 2016; Louise Oxbrow, 2018; Madrid y Hughes, 2011; Moya Guijarro y Ruiz Cordero, 2018; Nieto y Ruiz Cordero, 2018; Ruiz Cordero, 2018; Shepherd y Ainsworth, 2017; Woore, 2015). Además, más de dos tercios del alumnado, en las dos comunidades autónomas, se siente satisfecho con este tipo de docencia, aunque hay diversidad de opiniones sobre si sólo las asignaturas más fáciles deberían ser en inglés.

En quinto lugar, sobre la percepción que tiene el alumnado de la cantidad de contenido de historia y ciencias naturales que aprende en lengua extranjera, observamos que más de la mitad de los estudiantes cree que aprende menos contenido de historia y ciencias naturales que sus compañeros que cursan enseñanzas no bilingües, dato que coincide con el estudio de Hajer, realizado en el año 2000. Sin embargo, sorprendentemente, más del 50% de los estudiantes madrileños y castellanomanchegos afirma que su nivel de ciencias e historia, respecto a sus compañeros del programa no bilingüe, es el mismo. Esta respuesta nos lleva a interpretar que, aunque perciben que los contenidos se simplifican, también son conscientes de que no tienen menos nivel académico que sus compañeros que siguen enseñanzas no bilingües.

Finalmente, tenemos que dejar constancia de que todos los estudiantes admiten realizar un esfuerzo extra al cursar los programas bilingües pero, al mismo tiempo, se sienten muy satisfechos con este tipo de docencia. Este alto nivel de satisfacción nos lleva a comprender la gran demanda, la rápida expansión (Nieto y Ruiz Cordero, 2018) y la popularidad de la educación bilingüe la Comunidad de Madrid y en Castilla-La Mancha.

8. Referencias bibliogáficas

Abreu, A. y González, A. (2017). "Concepción de un proyecto comunitario para la enseñanza del inglés en contextos extraescolares". *Revista Electrónica Formación y Calidad Educativa (REFCalE)*, 5 (2), 43-52.

Admiraal, W., Westhoff, G. y de Bot, K. (2006). "Evaluation of bilingual secondary education in the Netherlands: Students' language Proficiency in English". *Educational Research and Evaluation*, 12, 75-93.

Alejo, R. y Piquer Píriz, A. (2016). "Urban vs. rural CLIL: An analysis of input-related variables, motivation and language attainment". *Language, Culture and Curriculum*, 29 (3), 245-262.

Badertscher, H. y Bieri, T. (2009). *Wissenserwerb im content-and-language integrated learning*. Bern-Stuttgart-Wien, Switzerland: Haupi.

Baker, C., Campoy, F.I. y Ada, A.F. (2017). *Guía para padres y maestros de niños bilingües:* 2ª edición. Bristol: Multilingual Matters.

Berger, A. (2016). "Learning mathematics bilingually. An Integrated Language and Mathematics Model (ILMM) of word problem solving processes in English as a foreign language". En T. Nikula, E. Dafouz, P. Moore y U. Smit (Eds.), *Conceptualising Integration in CLIL and Multilingual Education* (pp. 73-100). Bristol: Multilingual Matters.

Bergroth, M. (2006). "Immersion students in the matriculation examination Three years after immersion". En Björklund, D. Mard-Miettinen, M. Bergström and M. Södergârd (Eds.). *Exploring Dual-Focussed Education. Integrating Language and Content for Individual and Societal Needs*. Disponible en: http://www.uwasa.fi/materiaali/pdf/isbn_952-476-149-1.pdf

Bergroth, M. y Palviainen, Å. (2014). *Bilingual early education: Theory and Practice in Finland*. Presentación en la Universidad de Jyväskylä, Departamento de Educación para Profesorado, 15 de Septiembre de 2014.

Bialystok, E. (2004). "The impact of bilingualism on language and literacy development". En T. Bhatia y W. Ritchie (Eds.), *The handbook of bilingualism* (pp. 577-601). Oxford: Blackwell.

Bialystok, E. (2005). "Consequences of bilingualism for cognitive development". En J. Kroll, y A. De Groot, *The handbook of bilingualism: Psycholinguistic approaches* (pp. 417-431). Oxford: Blackwell.

Bialystock, E. (2009). "Effects of Bilingualism on Cognitive and Linguistic Performance across the Lifespan". En I. Gogolin, & U. Neumann, Streitfall Zweisprachigkeit - *The Bilingualism Controversy* (S. 53 - 67). Wiesbaden. Verlag für Sozialwissenschaften.

Bolarín, M.; Porto, M. y Lova, M. (2021). "How to Teach a Second Language in the Classroom? Benefits Associated with the CLIL Approach". *Revista Electrónica Educare, 25*(2), 1-16.

Bruton, A., (2011). "Is CLIL so beneficial, or just selective? Re-evaluating some of the research". *System*, 39, 523-532. Available online at www.sciencedirect.com

Cabezas Cabello, J. M. (2010). "A SWOT analysis of the Andalusian Plurilingualism Promotion Plan (APPP)". En M. L. Pérez Cañado (Ed.), *Proceedings of the 23rd GRETA Convention* (pp. 83-91). Jaén: Joxman.

Carro, J.M., Cabrales, A. y Anghel, B., (2013). "Evaluación de un programa de educación bilingüe en España: El impacto más allá del aprendizaje del idioma extranjero", FEDEA, Documento de trabajo 2013-08. Recuperado de http://documentos.fedea.net/pubs/dt/2013/dt-2013-08.pdf (ISSN: 1696-750).

Castejón, J. L. (2014). *Aprendizaje y rendimiento académico*. España. Editorial Club Universitario.

Chaieberras, Z. y Rascón-Moreno, D. (2018). "Perspectives of Compulsory Secondary Education Students on Bilingual Sections in Madrid (Spain)". *English Language Teaching*, 11 (10), 152-161. https://doi.org/10.5539/elt.v11n10p152

Coonan, C.M., (2007). "Insider views of the CLIL class through teacher self-observation-introspection". *The International Journal of Bilingual Education and Bilingualism*, 10, 625-646.

Coyle, D., Hood, P. y Marsh, D. 2010, *CLIL. Content and Language Integrated Learning*. Cambridge. Cambridge University Press.

Coyle, D. (2011). "Setting the CLIL Agenda for Successful Learning: What Pupils have to Say". En *II Congreso Internacional de Enseñanza Bilingüe en Centros Educativos*. Madrid. Universidad Rey Juan Carlos.

Custodio Espinar, M. (2019). *Los principios metodológicos AICLE* (aprendizaje integrado de contenido y lengua). Madrid: Fundación Universitaria Española.

D'Angelo (2011). *El perfil del profesorado de disciplina en el marco teórico de la materia CLIL.* Tesis doctoral publicada en la Universidad de Zaragoza.

Dafouz, E. (2015). "Más allá del inglés: la competencia lingüística multidimensional como estrategia para la enseñanza en la universidad internacional", *Educación y Futuro*, 32, 15-34.

Dalton-Puffer C. (2007). *Discourse in Content and Language Integrated Learning (CLIL).* John Benjamins Publishing Company. Amsterdam-Philadelphia.

Decreto 47/2017 por el que se regula el plan integral de enseñanza de lenguas extranjeras de la comunidad autónoma de Castilla-La Mancha para etapas educativas no universitarias.

Decreto 7/2014 por el que se regula el plurilingüismo en la enseñanza no universitaria en Castilla- La Mancha.

Delicado, G. y Pavón, V. (2015). "La implantación de titulaciones bilingües en la educación superior: el caso de la formación didáctica del profesorado bilingüe de primaria en la Universidad de Extremadura". *Educación y Futuro*, 32, 35-63.

Delicado, G., & Pavón, V. (2016). "Training primary student teachers for CLIL: innovation through collaboration". *PULSO. Revista de Educación*, 39, 35–57.

De Samblanc, G. (2006). "De immersiescholen in de Franse Gemeenschap". *Lezing gehou den op de studiedag Meertaligheid in basisonderwijs,* 9 june 2006, Brussel: Ministerie van ondenwijs.

De Smet, A., Mettewie, L., Galand, B., Hiligsmann, P. y Van Mensel, L. (2018). "Classroom anxiety and enjoyment in CLIL and non-CLIL: Does the target language matter?". *Studies in Second Language Learning and Teaching*, 8 (1), 47-71.

De Vriese, W. (2007). *Een kwalitatief onderzock in een immersieschool Lees- en rekenvaardigheden in het tweede leerjaar.* Bruxelles: Université de Bruxelles.

Doiz, A., Lasagabaster, D. y Sierra, J. M. (2014). "CLIL and motivation: the effect of individual and contextual variables". *The Language Learning Journal*, 42 (2), 209-224.

Escobar, C. (2013). "Learning to become a CLIL teacher: teaching, reflection and profes-sional development". *International Journal of Bilingual education and Bilingualism*, 16(3), 334-353. https://doi.org/10.1080/13670050.2013.777389

Esparza Montero C. M. y Belmonte M. L. (2020). "Percepción docente sobre el bilingüismo en centros de Educación Infantil y Educación Primaria de la Región de Murcia". *Revista Complutense de Educación*, 31(2), 251-260. https://doi.org/10.5209/rced.63130

Falcón, E. y Lorenzo, F. (2015). "El desarrollo de la sintaxis compleja en L1 y L2 en entornos educativos bilingües (CLIL). Un estudio de caso". *E-Aesla*, 1, 1-9.

Fernández-Sanjurjo, J., Fernández-Costales, A. y Arias Blanco, J. M. (2017). "Analysing students' content-learning in science in CLIL vs. Non-CLIL programmes: empirical evidence from Spain". *International journal of bilingual education and bilingualism*, 1-14. https://orcid.org/10.1080/13670050.2017.1294142.

Fortune T. W. y Tedick, D. J. (2003). *What parents want to know about foreign language immersion programmes*. ERIC Digest, Washington, DC: Center for Applied Linguistics. Disponible en: http://www.cal.org/resources/digest/0304fortune.html

García Jiménez, E., y Lorente García, R. (2014). "Grado en Maestro de Educación Primaria: Motivaciones y preferencias en la elección de mención". *Aula de Encuentro*, 1, (16), 103 - 119.

García, O. y Lin, A. (2017). "Extending understandings of bilingual and multilingual education". En O. García, A. Lyn y S. May (Coords.), *Bilingual and multilingual education* (pp. 1-20). Springer.

Genesee, F. (1987). *Learning through two languages: Studies of Immersion and bilingual education*. Cambridge, MA: Newbury House.

Geoghegan, L. (2018). "International posture, motivation and identity in study abroad". En Pérez Vidal, C., López-Serrano, S., Ament, J. y ThomasWilhelm, D. J. (Eds.). *Learning context effects: Study abroad, formal instruction and international immersion classrooms* (pp.215- 253). Berlín: Language Science Press.

González-Pienda, J.A., Núñez Pérez, J.C., Gónzalez-Pumariega, S., Álvarez, L., Roces, C. y García, M. (2002). "A Structural Equation Model of Parental Involvement, Motivational and Aptitudinal Characteristics, and Academic Achievement". *The Journal of Experimental Education*, 70 (3), 257-287.

Grisaleña, J., Campo, A. y Alonso, E. (2009). "Enseñanza plurilingüe en centros de educación secundaria: análisis de resultados". *Revista Iberoamericana de Educación*, 49 (1), 1-12.

Hajer, M. (2000). "Creating a language-promoting classroom: content-area teachers at work". En J. K. Hall, and L. Stoops Verplaetse (Eds.) *Second and foreign language learning through classroom interaction* (pp. 265-285). Mahwah N.J. and London: Lawrence Erlbaum Associates.

Halbach, A. (2009). "The primary school teacher and the challenges of bilingual education". En E. Dafouz & M.C. Guerrini (Eds.), *CLIL across educational levels* (pp. 19-26). Madrid: Richmond Publishing.

Jover, G., Fleta, T. y González, R. (2016). "La formación inicial de los maestros de Educación Primaria en el contexto de la enseñanza bilingüe en la lengua extranjera". *Bordón. Revista de Pedagogía*, 68(2), 120-135.

Lancaster, N. (2016). "Stakeholder perspectives on CLIL in a monolingual context". *English Language Teaching*, 9 (2), 148-177. https://doi.org/10.5539/elt.v9n2p148

Lasagabaster. D. (1998). "Learning English as an L3". *ITL Review of Applied Linguistics*, 121-122, 51-84.

Lasagabaster, D. (2011). "English achievement and student motivation in CLIL and EFL settings". *Innovation in Language Learning and Teaching*, 5 (1), 3-18.

Lasagabaster, D. y Doiz, A. (2016). "CLIL students´ perceptions of their language learning process: Delving into self-perceived improvement and instructional preferences". *Language Awareness*, 1-17. https://doi.org/10.1080/096584 16.2015.1122019

Lasagabaster, D. y Sierra, J. M. (2009). "Language attitudes in CLIL and traditional EFL classes". *International CLIL Research Journal*, 1 (2), 4-17.

Lorenzo, F. (2010). "CLIL in Andalusia". En D. Lasagabaster y Y. Ruiz de Zarobe (Eds.). *CLIL in Spain: Implementation, Results and Teacher Training*. Newcastle upon Tyne: Cambridge Scholars Publishers. 2-11.

Lorenzo, F., Casal, S. y Moore, P. (2009). "The Effects of Content and Language Integrated Learning in European Education: Key Findings from the Andalusian Bilingual Sections Evaluation Project". *Applied Linguistics*, 31(3), 418-442. http://dx.doi.org/10.1093/applin/amp041

Louise Oxbrow, G. (2018). "Students' perspectives on CLIL programme development: A quantitative analysis". *Porta Linguarum*, 29, 137-158.

Madrid, D. y Hughes, S. (2011). "Introduction to bilingual and plurilingual education". En D. Madrid y S. Hughes (Eds.), *Studies in bilingual education* (pp. 17-50). Frankfurt-am-Main: Peter Lang.

Maliers, A., Marsh, D. y Wolff, D. (eds) (2007). *Windows on CLIL: Content and Language Integrated Learning in the European Spotlight*. The Hague, European Platform for Dutch Education, y Graz, European Centre for Modern Languages.

Manchado, C., Alonso, L. y Delicado, G. (2023). "Maestros en activo formando en aulas universitarias: competencias para la enseñanza bilingüe". *Revista de Investigación Educativa*, 41(1), 87-105. https://doi.org/10.6018/rie.499421.

Martín-Macho, A. y Faya, F. (2020). "L1 in CLIL: the case of Castilla-La Mancha". *Revista Tejuelo*, 31, 143-174. https://doi.org/10.17398/1988-8430.31.143.

Mehisto, P., Marsh, D. and Frigols M.J. (2008). *Uncovering CLIL. Content and Language Integrated Learning in Bilingual and Multilingual Education*, Macmillan, Oxford.

Merisuo - Storm, T. (2007). "Pupils' attitudes towards foreign-language learning and the development of literacy skills in bilingual education". *Teaching and Teacher Education*, 23 (2), 226-35.

Met, M. (1998). "Curriculum decision-making in content-based language teaching". En J. Cenoz y F. Genesee (Eds.), *Beyond Bilingualism: Multilingualism and Multilingual Education*. Clevedon: Multilingual Matters.

Ministerio de Educación Cultura y Deporte (2003). *La integración del sistema universitario español en el espacio europeo de enseñanza superior. Documento-Marco*. Madrid: Ministerio de Educación, Cultura y Deporte.

Mohan, B. (1986). *Language and Content*. Reading, MA: Addison-Wesley.

Morales, J., Calvo, A. y Bialystok, E. (2013). "Working memory development in monolingual and bilingual children". *Journal of experimental child psychology*, 114 (2), 187-202.

Moya Guijarro, A. y Ruiz Cordero, M. B. (2018). "Un estudio sobre la diferencia de nivel de competencia lingüística entre alumnos pertenecientes a centros bilingües y no bilingües en la comunidad autónoma de Castilla-La Mancha (España)". *Revista de Estudios Filológicos*, 62, 269–288.

Murillo F. J., Almazán A. y Martínez-Garrido C. (2021). "La elección de centro educativo en un sistema de cuasi-mercado escolar mediado por el programa de bilingüismo". *Revista Complutense de Educación, 32* (1), 89-97. https://doi.org/10.5209/rced.68068

Navés, T. y Muñoz, C. (2000). "Usar las lenguas para aprender y aprender a usar las lenguas extranjeras. Una introducción a AICLE para madres, padres y jóvenes". En Marsh, D., y Langé, G. (Eds.). *Using Languages to Learn and Learning to Use Languages*. Jyväskylä, Finland: UniCOM, University of Jyväskylä on behalf of TIECLIL.

Navés, T. y Victori, M. (2010). "CLIL in Catalonia: An Overview of Research Studies". En Y. Ruiz de Zarobe y D. Lasagabaster (Eds.), *CLIL in Spain: Implementation, results and teacher training*. Newcastle upon Tyne. UK: Cambridge Scholars. 30-54.

Nieto, E. (2013). *La adquisición de las competencias básicas en los alumnos bilingües de las Secciones Europeas de Castilla La Mancha*. Tesis doctoral publicada en la Universidad de Castilla La Mancha. Ciudad Real.

Nieto Moreno de Diezmas, E. (2016). "The Impact of CLIL on the Acquisition of the Learning to Learn Competence in Secondary School Education in the Bilingual Programmes of Castilla-La Mancha". *Porta Linguarum*, 25, 21-34.

Nieto Moreno de Diezmas, E. y Ruiz Cordero, B. (2018). "Evaluación de los programas AICLE en Castilla-La Mancha". En J.L. Ortega-Martín, S.P. Hughes y D. Madrid (Eds.), *Influencia de la política educativa de centro en la enseñanza bilingüe en España*. (pp. 93-103). Madrid: Ministerio de Educación, Ciencia y Deporte (MECD).

Nikolov, M. y Mihaljevic, J. (2006). "Recent research on age, second language acquisition and early foreign language learning". *Annual Review of Applied Linguistics* 26, 234-60.

Nikula, T. (2008). "Learning pragmatics in content-based classrooms". En E. Alcón Soler y A. Martínez Flor (Eds.). *Investigating pragmatics in foreign language learning, teaching and testing*. Clevedon, UK: Multilingual Matters. 94-113.

Nyholm, L. (2002). Läsa på engelska. Språkvård, 3, 38-39.

Orden de 07/02/2005, de la Consejería de Educación y Ciencia, por la que se crea el programa de Secciones Europeas en centros públicos de Infantil, Primaria y Secundaria de la Comunidad Autónoma de Castilla La Mancha.

Orden de 16/06/2014, de la Consejería de Educación, Cultura y Deportes, por la que se regulan los programas lingüísticos de los centros de Educación Infantil y Primaria, Secundaria, Bachillerato y Formación Profesional sostenidos con fondos públicos de Castilla- La Mancha.

Orden 27/2018, de la Consejería de Educación, Cultura y Deportes, por la que se regulan los proyectos bilingües y plurilingües en las enseñanzas de segundo ciclo de Educación Infantil y Primaria, Secundaria, Bachillerato y Formación Profesional de los centros educativos sostenidos con fondos públicos de la comunidad autónoma de Castilla-La Mancha.

Otwinowska, A. (2014) *CLIL teaching in Poland and Finland – reflections from the study visit*. Institute of English Studies, University of Warsaw. Disponible en: https://clil.pedagog.uw.edu.pl/dr-agnieszka-otwinowska-kasztelanic-2/

Pavesi, M., Bertocchi D., Hofmannová, M., y Kazianka, M. (2001). *CLIL guidelines for teachers*. Milan: TIE CLIL.

Pavón, V. (2018). "Learning Outcomes in CLIL Programmes: a Comparison of Results between Urban and Rural Environments". *Porta Linguarum*, 29, 9-28.

Pérez Cañado, M. L (2011). "The Effects of CLIL within the APPP: Lessons Learned and Ways Forward". En R. Crespo y M. García de Sola (Eds.). *Studies in Honour of Ángeles Linde López*. Granada: Universidad de Granada.

Pérez Cañado, M. L. (2016) "From the CLIL craze to the CLIL conundrum: Addressing the current CLIL controversy". *Bellaterra Journal of Teaching Language and Literature*, 9 (1), 9–31.

Pérez Cañado, M. L. (2018). "CLIL and Educational Level: A Longitudinal Study on the Impact of CLIL on Language Outcomes". *Porta Linguarum, 29*, 51–70.

Pladevall-Ballester, E. (2015). "Exploring primary school CLIL perceptions in Catalonia: Students', teachers' and parents' opinions and expectations". *International Journal of Bilingual Education and Bilingualism*, 18 (1), 45-59.

Resolución de 17 de febrero de 2010, de la Universidad de Castilla-La Mancha, por la que se publica el plan de estudios de Graduado en Maestro en Educación Primaria. *Boletín Oficial del Estado, 55*, de 4 de marzo de 2010.

Resolución de 17 de febrero de 2010, de la Universidad de Castilla-La Mancha, por la que se publica el plan de estudios de Graduado en Maestro en Educación Infantil. *Boletín Oficial del Estado, 55*, de 4 de marzo de 2010.

Rodríguez-Sabiote, C., Madrid, D., Ortega-Martín, J.L. y Hughes, J.P. (2018). "Resultados y conclusiones sobre la calidad de los programas AICLE en España". En J.L. Ortega-Martín, S.P. Hughes y D. Madrid (Eds.), *Influencia de la política educativa de centro en la enseñanza bilingüe en España*. (pp. 141-159). Madrid: Ministerio de Educación, Ciencia y Deporte (MECD).

Romero Barea, G.A. (2010). "Las actividades extraescolares como refuerzo del aprendizaje en el aula". *Revista digital de innovación y experiencias educativas, 26*.

Ruiz, M. (2016). *Bilingual Education: Experience from Madrid* (tesis de maestría). Centro de Estudios Monetarios y Financieros (CEMFI), Madrid. https://doi.org/10.21832/9781783096701-011

Ruiz Cordero, M. B. (2022). "Nivel de expresión oral en inglés en centros bilingües y no bilingües de Castilla-La Mancha". *Revista Complutense de Educación*, 33(2), 201-213. https://doi.org/10.5209/rced.73909

Ruiz Cordero, M.B. (2018). "Assessing English Writing Skills of Students from Bilingual and Non-Bilingual Schools in Castilla-La Mancha, Spain. A Comparative Study". *Theory and Practice of Second Language Acquisition*, 5 (2), 95–113. https://doi.org/10.31261/tapsla.7658

Ruiz Cordero, M.B. (2018). "Estudio Comparativo sobre la formación de maestros de inglés en las comunidades autónomas de Castilla-La Mancha y Madrid". *Miscelánea*, 76 (149), 499-527.

Ruiz Cordero, M.B. (2016). "La práctica y formación docente del profesorado de lengua inglesa en Castilla La Mancha". *Encuentro*, 25, 102-117.

Ruiz de Zarobe, Y. (2013). "CLIL implementation: From policy-makers to individual initiatives". *International Journal of Bilingual Education and Bilingualism*, 16 (3), 231-243.

San Isidro, X. (2010). "An Insight into Galician CLIL: Provision and Results". En D. Lasagabaster y Y. Ruiz de Zarobe (Eds.). *CLIL in Spain: Implementation, results and teacher training* (pp. 55-78). Newcastle upon Tyne, UK: Cambridge Scholars.

Seikkula-Leino, J. (2007). "CLIL learning: Achievement levels and affective factors". *Language and Education*, 21 (4), 328-341.

Shepherd, E. y Ainsworth, V. (2017). *English Impact. An* Evaluation of English Language Capability. Madrid: British Council.

Sotoca Sienes, E. y Muñoz Hueso, A. C. (2015)." El impacto del programa bilingüe de la Comunidad de Madrid en el rendimiento académico de los alumnos". *Journal of Education Research*, 9 (1), 27–40.

Stohler, U. (2006). "The acquisition of knowledge in bilingual learning: an empirical study on the role of language in content teaming". *VIEWZ Vienna English Working Papers*, 15 (3), 41-46.

Surmont, J., Struys, E., Noort, M. y Craen, P. (2016). "The effects of CLIL on mathematical content learning: A longitudinal study". *Studies in Second Language Learning and Teaching,* 6 (2), 319-337. https://doi.org/319.10.14746/ssllt.2016.6.2.7.

Sylvén, L. K. (2013). "CLIL in Sweden- Why does it not work? A metaperspective on CLIL across contexts in Europe". *International Journal of Bilingual Education and Bilingualism*, 16 (3), 301-320.

Travé González, G. (2013). "Un estudio sobre las representaciones del profesorado en Educación Primaria acerca de la enseñanza bilingüe". *Revista de educación*, 361, 379-402.

Turnbull, M., Lapkin, S. y Hark, D. (2001). "Grade 3 immersion students' performance in literacy and mathematics: Province-wide results from Ontario (1998-99)". *The Canadian Modem Language Review*. 58, 9-26.

Valdés, G., Fishman, J.A., Chávez, R. y Pérez, W. (2006). *Developing minority language resources: The case of Spanish in California*. Clevedon, England: Multilingual Matters.

Van de Craen, P., Mondt, K., Allain, L. y Gao, Y. (2007a). "Why and How CLIL Works. An Outline for a CLIL Theory". *VIEWS Vienna English Working Papers*, 18 (3), 70- 78.

Van de Craen, P., Ceuleers, E. y Mondt, K. (2007b). "Cognitive development and bilingualism in primary schools: teaching maths in a CLIL environment". En D. Marsh, y D. Wolff (Eds.), *Diverse contexts – converging goals. CLIL in Europe* (pp. 185-200). Frankfurt am Main: Peter Lang.

Vollmer, H. (2008). "Constructing Tasks for Content and Language Integrated Assessment". En J. Eckerth y S. Sickmann, (Eds.). *Research on task-based language learning and teaching. Theoretical, methodological and pedagogical perspectives* (pp. 227-290) New York: Peter Lang.

Washburn, L. (1997). *English immersion in Sweden. A case study of Röllingby High School 1987-1989*. Stockholm. University of Stockholm.

Woore, R. (2015). "Madrid, a bilingual community: A view from the classroom". A report for EMI Oxford. Recuperado de http://www.education.ox.ac.uk/wordpress/wp-content/uploads/2014/09/Woore-R.-2015-Madrid-a-Bilingual-Community-a-view-from-the-classroom-unpublished-report.pdf

Wright, W. E. y Baker, C. (2017). "Key concepts in bilingual education". En O. García, A. Lyn y S. May (Coords.), *Bilingual and multilingual education* (pp. 65-79). Springer.

Zydatiß, W. (2007). Bilingualer Fachunterricht in Deutschland: eine Bilanz. Fremdsprachen Lehren und Lernen. 36, 8-25.

9. Anexos.

ANEXO 1

ENCUESTA A ALUMNOS/AS QUE CURSAN PROGRAMAS DE ENSEÑANZA BILINGÜE

En la Universidad de Castilla-La Mancha estamos realizando un estudio para un proyecto de investigación sobre enseñanza bilingüe y nos gustaría contar con vuestra ayuda para completar esta encuesta. Se trata de una encuesta anónima y voluntaria. Deberán entregarla a su maestra/o de inglés en cuanto les sea posible. Muchas gracias.

PARTE 1

1. Sexo del alumno

   MASCULINO   FEMENINO

2. Escribe el curso académico en el que te encuentras

   5º   6º

3. ¿Cuántos años llevas cursando el programa bilingüe?
   - Desde primero   - Me incorporé después al programa bilingüe

4. Redondea tu calificación de la asignatura de **inglés del curso pasado:**

   INSUFICIENTE- SUFICIENTE-BIEN- NOTABLE- SOBRESALIENTE

5. Escribe tu calificación de la asignatura de **inglés de este curso:**

   INSUFICIENTE- SUFICIENTE-BIEN- NOTABLE- SOBRESALIENTE

6. Redondea tu calificación de la asignatura **Science del curso pasado:**

   INSUFICIENTE- SUFICIENTE-BIEN- NOTABLE- SOBRESALIENTE

7. Escribe tu calificación de la asignatura **Science de este curso:**

INSUFICIENTE- SUFICIENTE-BIEN- NOTABLE- SOBRESALIENTE

PARTE 2

Marca con una X la respuesta con la que estés más de acuerdo siendo 1 totalmente en desacuerdo, 2 en desacuerdo, 3 neutro, 4 de acuerdo y 5 totalmente de acuerdo.

	PREGUNTA	1	2	3	4	5
1	Me gustaría que impartieran más asignaturas en lengua inglesa					
2	Con el programa bilingüe aprendo más inglés					
3	Estoy contenta/o con este tipo de clases en inglés					
4	Las asignaturas en inglés deberían ser sólo asignaturas fáciles, como educación física y plástica					
5	Con el programa bilingüe aprendo menos contenido de historia y ciencias naturales que mis compañeros del programa no bilingüe					
6	En el programa bilingüe aprendo el contenido de historia y ciencias al mismo nivel que en el programa no bilingüe					
7	Mi nivel de inglés es suficiente para aprender el contenido de otras asignaturas como música, historia, naturales, plástica					
8	Voy a clases de inglés extraescolares o de refuerzo					
9	El programa bilingüe me exige un esfuerzo extra					
10	Estoy satisfecho con el programa bilingüe que se imparte en mi colegio					